漢検

公益財団法人 日本漢字能力検定協会

改訂版

漢検 ハンディ 漢字学習 2級

漢検 公益財団法人 日本漢字能力検定協会

本書の特長と使い方

『漢検 ハンディ漢字学習』は、いつでもどこでも手軽に学べるよう構成されたポケットサイズの学習書です。持ち運びに便利で通勤通学などの空き時間にも適しています。

問題編

各出題分野ごとに問題が分かれています。最後は「総まとめ」で実力の確認をしましょう。

※「漢字の書き取り」「総まとめ標準解答」で解答欄が〔 〕のものは許容字体を表しています。

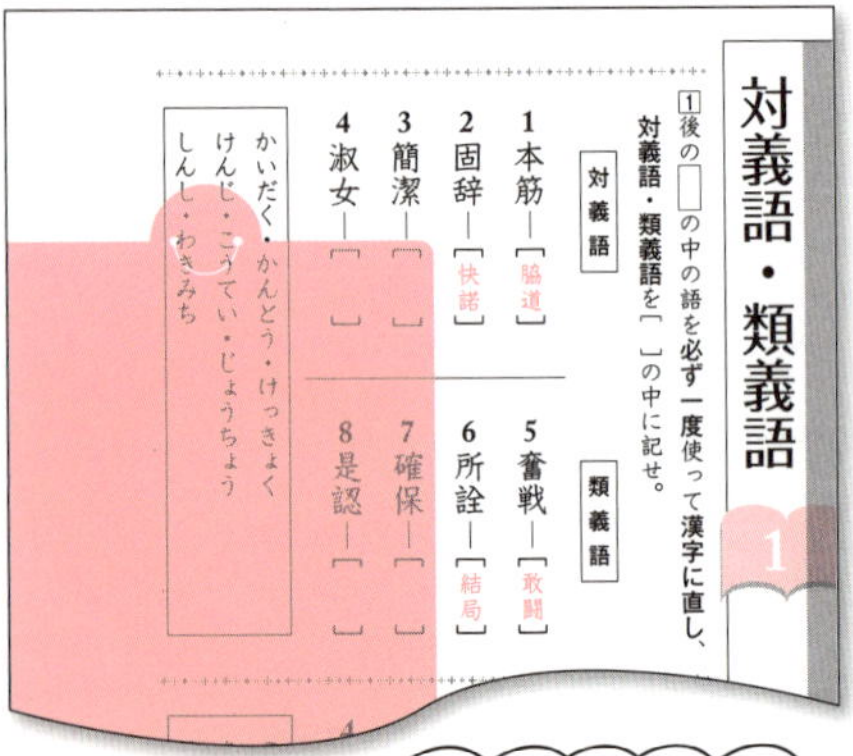

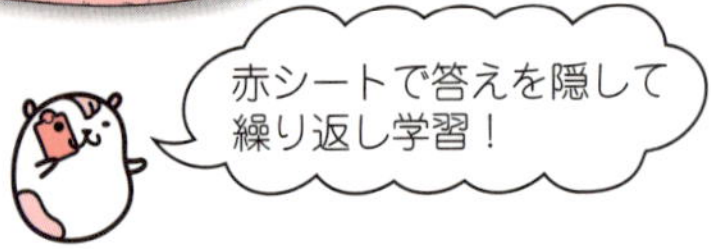

資料編

漢字学習に役立つ資料を豊富に掲載しています。問題を解く前に一字一字覚えたり、解いた後で調べたり、学習スタイルに合わせて使い分けましょう。

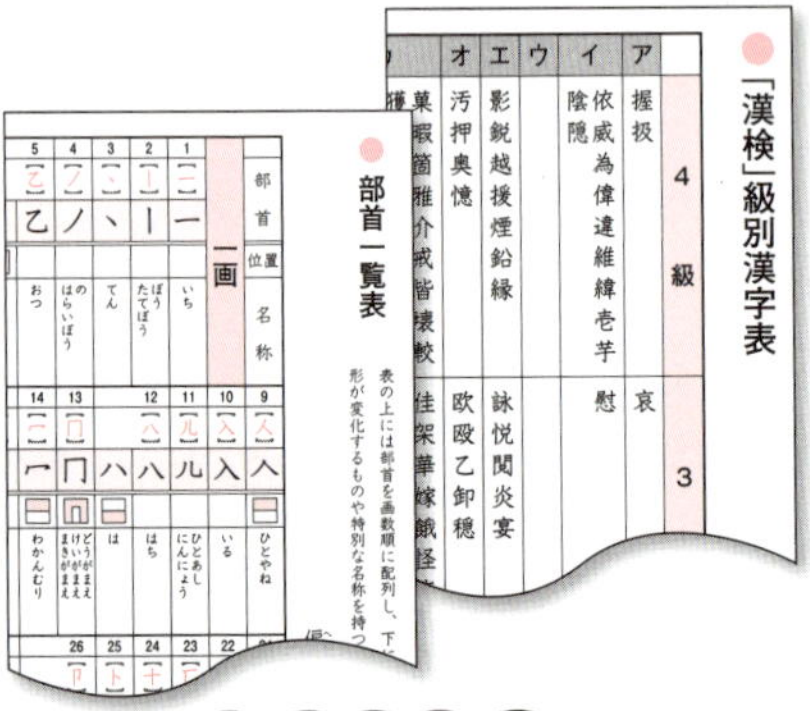

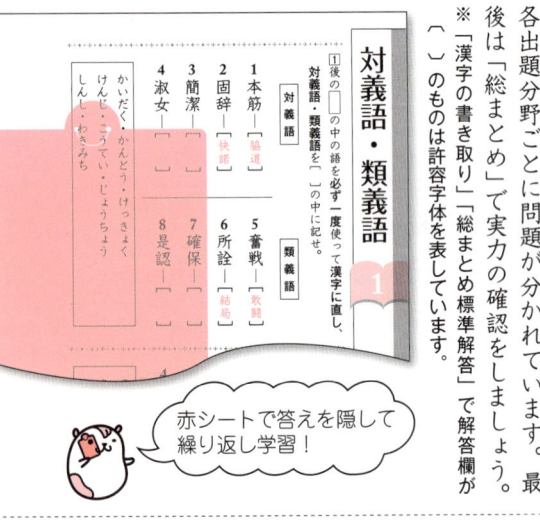

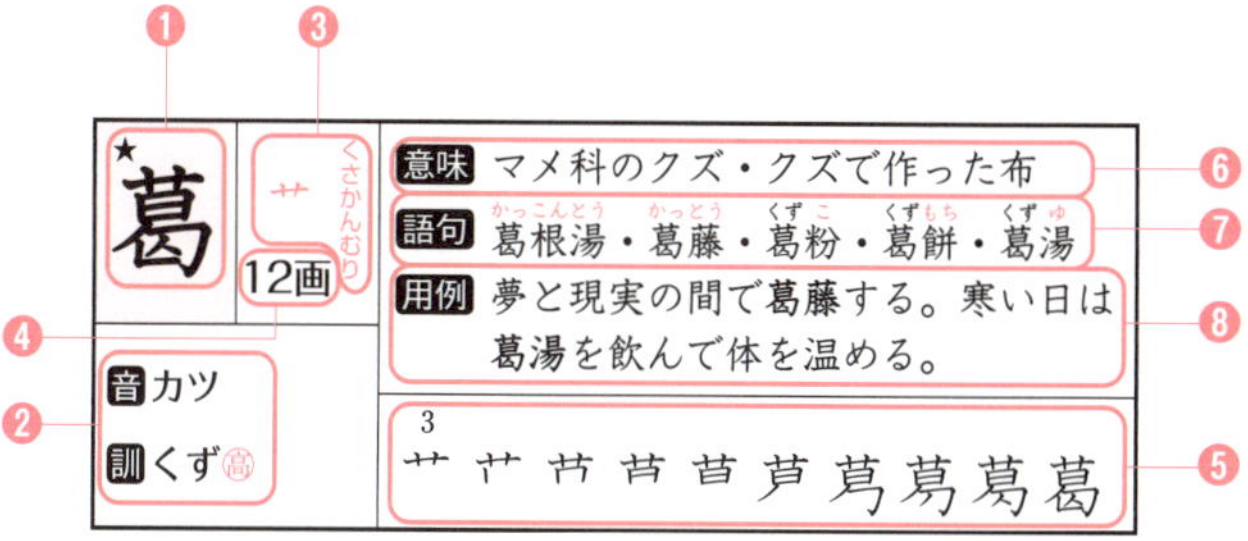

漢字表

漢字表には覚えておきたい項目が整理されています。

1 漢字
「漢検」2級で新しく出題対象となる196字を、代表的な読みにより、五十音順に並べました。左上の★マークは許容字体があることを示しています。詳しくは176(41)ページをご覧ください。

2 読み
音読みはカタカナ、訓読みはひらがなで記載しています。
高は高校で習う読みです。

3 部首
「漢検」で採用している部首・部首名です。

4 画数
総画数を示しています。

5 筆順
筆順は10の場面を示しています。途中を省略した場合は、その場面の上に現在何画目なのかを表示しました。

6 意味
当該漢字の基本的な意味です。

7 語句
当該漢字を含む熟語に赤字で読みがなを付けています。高校で習う読みは、読みがなを黒字で示しています。

8 用例
「語句」にある熟語を使った文例を示しています。

もくじ

「漢検」級別 主な出題内容

10級…対象漢字数 八〇字

漢字の読み／漢字の書取／筆順・画数

9級…対象漢字数 二四〇字

漢字の読み／漢字の書取／筆順・画数

8級…対象漢字数 四四〇字

漢字の読み／漢字の書取／部首・部首名／筆順・画数／送り仮名／対義語／同じ漢字の読み

7級…対象漢字数 六四〇字

漢字の読み／漢字の書取／部首・部首名／筆順・画数／送り仮名／対義語／同音異字／三字熟語

6級…対象漢字数 八二五字

漢字の読み／漢字の書取／部首・部首名／筆順・画数／送り仮名／対義語・類義語／同音・同訓異字／三字熟語／熟語の構成

5級…対象漢字数 一、〇〇六字

漢字の読み／漢字の書取／部首・部首名／筆順・画数／送り仮名／対義語・類義語／同音・同訓異字／誤字訂正／四字熟語／熟語の構成

4級…対象漢字数 一、三二二字

漢字の読み／漢字の書取／部首・部首名／送り仮名／対義語・類義語／同音・同訓異字／誤字訂正／四字熟語／熟語の構成

3級…対象漢字数 一、六〇七字

漢字の読み／漢字の書取／部首・部首名／送り仮名／対義語・類義語／同音・同訓異字／誤字訂正／四字熟語／熟語の構成

準2級…対象漢字数 一、九四〇字

漢字の読み／漢字の書取／部首・部首名／送り仮名／対義語・類義語／同音・同訓異字／誤字訂正／四字熟語／熟語の構成

2級…対象漢字数 二、一三六字

漢字の読み／漢字の書取／部首・部首名／送り仮名／対義語・類義語／同音・同訓異字／誤字訂正／四字熟語／熟語の構成

準1級…対象漢字数 約三千字

漢字の読み／漢字の書取／故事・諺／対義語・類義語／同音・同訓異字／誤字訂正／四字熟語

1級…対象漢字数 約六千字

漢字の読み／漢字の書取／故事・諺／対義語・類義語／同音・同訓異字／誤字訂正／四字熟語

※ここに示したのは出題分野の一例です。毎回すべての分野から出題されるとは限りません。また、このほかの分野から出題されることもあります。

日本漢字能力検定審査基準

4級

【程度】※常用漢字のうち約一、三〇〇字を理解し、文章の中で適切に使える。

【領域・内容】

《読むことと書くこと》

小学校学年別漢字配当表のすべての漢字と、その他の常用漢字約三〇〇字の読み書きを習得し、文章の中で適切に使える。

・音読みと訓読みとを正しく理解していること
・送り仮名や仮名遣いに注意して正しく書けること
・熟語の構成を正しく理解していること
・熟字訓、当て字を理解していること（小豆／あずき、土産／みやげ　など）
・対義語、類義語、同音・同訓異字を正しく理解していること

《四字熟語》

四字熟語を理解している。

《部首》

部首を識別し、漢字の構成と意味を理解している。

※常用漢字とは、平成22年11月30日付内閣告示による「常用漢字表」に示された二、一三六字をいう。

3級

【程度】※常用漢字のうち約一、六〇〇字を理解し、文章の中で適切に使える。

【領域・内容】

《読むことと書くこと》

小学校学年別漢字配当表のすべての漢字と、その他の常用漢字約六〇〇字の読み書きを習得し、文章の中で適切に使える。

・音読みと訓読みとを正しく理解していること
・送り仮名や仮名遣いに注意して正しく書けること
・熟語の構成を正しく理解していること
・熟字訓、当て字を理解していること（乙女／おとめ、風邪／かぜ　など）
・対義語、類義語、同音・同訓異字を正しく理解していること

《四字熟語》

四字熟語を理解している。

《部首》

部首を識別し、漢字の構成と意味を理解している。

※常用漢字とは、平成22年11月30日付内閣告示による「常用漢字表」に示された二、一三六字をいう。

準2級

【程度】※常用漢字のうち※一、九四〇字を理解し、文章の中で適切に使える。

【領域・内容】

《読むことと書くこと》

一、九四〇字の漢字の読み書きを習得し、文章の中で適切に使える。

・音読みと訓読みとを正しく理解していること
・送り仮名や仮名遣いに注意して正しく書けること
・熟語の構成を正しく理解していること
・熟字訓、当て字を理解していること（硫黄／いおう、相撲／すもう　など）
・対義語、類義語、同音・同訓異字を正しく理解していること

《四字熟語》

典拠のある四字熟語を理解している（驚天動地、孤立無援　など）。

《部首》

部首を識別し、漢字の構成と意味を理解している。

※常用漢字とは、平成22年11月30日付内閣告示による「常用漢字表」に示された二、一三六字をいう。

※一、九四〇字とは、昭和56年10月1日付内閣告示による旧「常用漢字表」の一、九四五字から「勺」「錘」「銑」「脹」「匁」の五字を除いたものを指す。

2級

【程度】すべての常用漢字※を理解し、文章の中で適切に使える。

【領域・内容】

《読むことと書くこと》

すべての常用漢字の読み書きに習熟し、文章の中で適切に使える。

・音読みと訓読みとを正しく理解していること

・送り仮名や仮名遣いに注意して正しく書けること

・熟語の構成を正しく理解していること

・熟字訓、当て字を理解していること（海女／あま、玄人／くろうと　など）

・対義語、類義語、同音・同訓異字などを正しく理解していること

《四字熟語》

典拠のある四字熟語を理解している（鶏口牛後、呉越同舟　など）。

《部首》

部首を識別し、漢字の構成と意味を理解している。

※常用漢字とは、平成22年11月30日付内閣告示による「常用漢字表」に示された二、一三六字をいう。

日本漢字能力検定採点基準

最終改定：平成二十五年四月一日

公益財団法人 日本漢字能力検定協会

(1) 採点の対象

筆画を正しく、明確に書かれた字を採点の対象とし、くずした字や、乱雑に書かれた字は採点の対象外とする。

(2) 字種・字体

①2～10級の解答は、内閣告示「常用漢字表」（平成二十二年）による。ただし、旧字体での解答は正答とは認めない。

②1級および準1級の解答は、『漢検要覧　1／準1級対応』（公益財団法人日本漢字能力検定協会発行）に示す「標準字体」「許容字体」「旧字体一覧表」による。

(3) 読み

①2～10級の解答は、内閣告示「常用漢字表」（平成二十二年）による。

②1級および準1級の解答には、①の規定は適用しない。

(4) 仮名遣い

仮名遣いは、内閣告示「現代仮名遣い」による。

(5) 送り仮名

送り仮名は、内閣告示「送り仮名の付け方」による。

(6) 部首

部首は、『漢検要覧　2～10級対応』（公益財団法人日本漢字能力検定協会発行）収録の「部首一覧表と部首別の常用漢字」による。

(7) 筆順

筆順の原則は、文部省編『筆順指導の手びき』（昭和三十三年）による。常用漢字一字一字の筆順は、『漢検要覧　2～10級対応』収録の「常用漢字の筆順一覧」による。

(8) 合格基準

級	満点	合格
1級／準1級／2級	二〇〇点	八〇％程度
準2級／3級／4級／5級／6級／7級	二〇〇点	七〇％程度
8級／9級／10級	一五〇点	八〇％程度

※部首、筆順は『漢検　漢字学習ステップ』など公益財団法人日本漢字能力検定協会発行図書でも参照できます。

漢字の読み

音読み 1

／30

次の――線の読みをひらがなで、（　）の中に記せ。

1 哲学者の思索の跡を追う。（しさく）

2 不肖ながら努力いたします。（ふしょう）

3 中世の堅固な要塞が残る。（ようさい）

4 詩の中で難解な隠喩を使う作家として有名だ。（いんゆ）

5 医師から食餌療法に関する指導を受ける。（しょくじ）

6 指導力で定評のある彼に采配を頼みたい。（さいはい）

7 小さな問題でも等閑視してはならない。（とうかんし）

8 父の誕生日のお祝いに正絹のネクタイを贈った。（しょうけん）

9 桑門として本山で厳しい修行に入ることになった。（そうもん）

10 新しいことに果敢に挑む。（かかん）

11 家元の嫡嗣として生まれた。（ちゃくし）

12 肥沃な土壌に恵まれている。（ひよく）

13 舷側に手すりを設置する。（げんそく）

14 深更まで会議は続いた。（しんこう）

15 彼女は羞恥心を持つことがないようだ。　（しゅうち）

16 郷土の親友の訃報を聞いて深く悲しむ。　（ふほう）

17 大学では哺乳類の生態研究を専攻している。　（ほにゅう）

18 心筋梗塞の発生率を示す。　（こうそく）

19 完成した書に落款を押す。　（らっかん）

20 滞納した家賃を払うよう督促された。　（とくそく）

21 すっかり形骸化した校則が改正される。　（けいがい）

22 冷たい湧水に手を浸す。　（ゆうすい）

23 下積み時代は苦汁をなめてきた。　（くじゅう）

24 凹版印刷は証券などの印行に使われる。　（おうはん）

25 後ろ姿に哀愁が漂う。　（あいしゅう）

26 週に一度は必ず浴槽の掃除をしている。　（よくそう）

27 法廷で証人が宣誓する。　（ほうてい）

28 突然の捻挫により、試合出場を断念する。　（ねんざ）

29 正気の沙汰とはとうてい思えぬ行動だ。　（さた）

30 気象庁によると天候は漸次回復する見込みです。　（ぜんじ）

漢字の読み

音読み

2

●次の――線の読みをひらがなで、（　）の中に記せ。

1 裁判長が被告人に禁錮三年の判決を告げた。（きんこ）

2 名簿から氏名を抹消した。（まっしょう）

3 須恵器作りに挑戦する。（すえき）

4 この作家の持ち味は、精緻を極めた人物描写だ。（せいち）

5 ついに同盟罷業に突入した。（ひぎょう）

6 東大寺は勅願によって建てられた寺だ。（ちょくがん）

7 愚痴ばかりこぼしていても何も始まらない。（ぐち）

8 租借地の期限が切れたので領土を返還する。（そしゃく）

9 俳諧の起源について図書館の文献にあたる。（はいかい）

10 ペットの猫を溺愛している。（できあい）

11 引っ越しの挨拶状を出す。（あいさつ）

12 柔軟な発想をする人だ。（じゅうなん）

13 余裕のある態度に感心した。（よゆう）

14 赤痢の擬似症状と診断された。（ぎじ）

／30

15 精神潔斎して祭事に臨む。（けっさい）

16 真理を見事に喝破した。（かっぱ）

17 金融業界の事情に誰よりも通暁したコメンテーターだ。（つうぎょう）

18 女王への拝謁を願い出た。（はいえつ）

19 まるで奈落の底に突き落とされたような思いだ。（ならく）

20 汚職に附随した事件の捜査を担当する。（ふずい）

21 謙遜する態度が周囲に好感を与えたようだ。（けんそん）

22 互いに胸襟を開いて率直に話し合おう。（きょうきん）

23 様々な戒律を守り厳しい修行を経て、僧侶になる。（そうりょ）

24 問題の核心をつく発言だ。（かくしん）

25 武家屋敷の柱に騒動の痕跡が残っている。（こんせき）

26 哀調を帯びた音色が響く。（あいちょう）

27 施主の要望で設計を変えることになった。（せしゅ）

28 修学旅行で岐阜県の白川郷を見学した。（ぎふ）

29 旬の野菜や魚が膳に上る。（ぜん）

30 長年患っていた椎間板ヘルニアがようやく治った。（ついかんばん）

次の――線の**読み**を**ひらがな**で、（　）の中に記せ。

1 会社の信用を毀損するような出来事だ。（きそん）

2 この洞窟には鬼が住むという言い伝えがある。（どうくつ）

3 就職と同時に入寮の手続きをしに事務局を訪れる。（にゅうりょう）

4 違いは一目瞭然である。（りょうぜん）

5 「大尉」とは軍人の階位を表す。（たいい）

6 お礼に一献差し上げたい。（いっこん）

7 状況を的確に把握する。（はあく）

8 日頃の検査が前立腺がんの早期発見につながった。（ぜんりっせん）

9 港に艦艇が停泊している。（かんてい）

10 総帥として全体を率いる。（そうすい）

11 生徒が体育館裏で熱心に踊りの稽古をしている。（けいこ）

12 まれに見る大接戦の末、僅差で勝利を収めた。（きんさ）

13 毎日懸垂で腕を鍛えている。（けんすい）

14 胃潰瘍の症状が現れる。（かいよう）

／30

15 新人としては破格の年俸で三年契約に調印した。（ねんぽう）

16 豊沃な水田地帯が広がる。（ほうよく）

17 老翁の昔話を聞く。（ろうおう）

18 蚊は伝染病を媒介する。（ばいかい）

19 彼は私の部下の中で最も信頼できる補佐官だ。（ほさ）

20 焼酎は、芋や麦などから造られている。（しょうちゅう）

21 このたび川柳の同好会を主宰することになった。（しゅさい）

22 事の真偽は寡聞にして一切存じません。（かぶん）

23 犯人隠匿の罪に問われた。（いんとく）

24 その画家は幾多の傑作を世に出してきた。（けっさく）

25 来週、母と人形浄瑠璃を見に行く予定だ。（じょうるり）

26 冥加に余る幸いを授かることができた。（みょうが）

27 鉄柵を設けて外部からの侵入を遮断する。（てっさく）

28 店長として敏腕を振るう。（びんわん）

29 俳句の春の季語・季題を歳時記で調べる。（さいじき）

30 アユが川を遡上する。（そじょう）

漢字の読み

音読み

4

●次の——線の読みをひらがなで、（　）の中に記せ。

1 両国間における講和条約が批准された。（ひじゅん）

2 古いイメージを払拭するため、紙面のデザインを一新する。（ふっしょく）

3 工事による環境への影響が懸念される。（けねん）

4 絶滅危惧種の保護に努める。（きぐ）

5 参加者は逐年増加している。（ちくねん）

6 新しい冶金技術を開発する。（やきん）

7 小柄で痩身の女性だ。（そうしん）

8 拉致という行為は決して許されるものではない。（らち）

9 「朕は国家なり。」（ちん）

10 崇高な理想を掲げる。（すうこう）

11 高原の澄明な空気を胸いっぱいに吸う。（ちょうめい）

12 掃除に使った雑巾を洗う。（ぞうきん）

13 陥没した道路を補修する。（かんぼつ）

14 説明文や論説文の読解には語彙力が必要だ。（ごい）

/30

15 犬が猫を威嚇している。（いかく）

16 彼女がいると話が本来の筋から逸脱してしまう。（いつだつ）

17 ランプの芯に火をつける。（しん）

18 多額の赤字を補填するための策を講じる。（ほてん）

19 拙著を謹呈いたします。（きんてい）

20 秋の彫塑展に出品する作品を粘土で製作する。（ちょうそ）

21 怨念を抱き続けるよりも忘れたほうがいい。（おんねん）

22 雌伏十年、ようやく頭角を現してきた。（しふく）

23 工事の進捗状況を報告する。（しんちょく）

24 事故の損害賠償を求めて提訴することになった。（ばいしょう）

25 習字の先生に、楷書を美しく書くこつを教わる。（かいしょ）

26 中世の美術品を賞玩する。（しょうがん）

27 行きすぎた特訓は弊害が多く、効果は望めない。（へいがい）

28 下痢止めの薬を処方された。（げり）

29 五つの選択肢の中から答えを選びなさい。（せんたくし）

30 彼の音楽の才能は級友の羨望の的になっている。（せんぼう）

漢字の読み

音読み

5

/30

● 次の――線の**読み**を**ひらがな**で、（　）の中に記せ。

1 江戸幕府が瓦解して、明治政府ができた。（がかい）

2 辞書を引く前に凡例をよく読んでおく。（はんれい）

3 土地が痩せたので収穫量が逓減してしまった。（ていげん）

4 ダムに堆積した土砂を調べる。（たいせき）

5 歌舞伎は日本の伝統芸能だ。（かぶき）

6 経済学の汎論を講義する。（はんろん）

7 地域紛争が勃発する。（ぼっぱつ）

8 好事家は逸品に目がない。（こうずか）

9 長い呪縛から解き放たれる。（じゅばく）

10 電波の不具合で現場からの中継を一旦とりやめる。（いったん）

11 寺で早朝の勤行が始まる。（ごんぎょう）

12 現場の総轄責任者を務める。（そうかつ）

13 間隙を突いて、とうとう敵を攻め落とした。（かんげき）

14 不祥事を起こした役員の更迭が発表された。（こうてつ）

15 寒さのあまり、萎縮した姿勢になってしまう。（いしゅく）

16 マナーの悪い人を軽蔑する。（けいべつ）

17 凹凸のある道を注意して歩く。（おうとつ）

18 企業からの賄賂を断る。（わいろ）

19 会議で使ったパイプ椅子を倉庫に片づける。（いす）

20 彼女の意見は感情で左右されず常に中庸を得ている。（ちゅうよう）

21 論文作成のため図書館で資料を渉猟する。（しょうりょう）

22 王侯貴族のような暮らしを満喫している。（おうこう）

23 肥満は生活習慣病の誘因になると言われている。（ゆういん）

24 今もなお失踪事件の捜査が続いている。（しっそう）

25 淫欲に溺れた主人公を描く。（いんよく）

26 商品のカタログを無料で頒布していた。（はんぷ）

27 長文の要点を抜粋する。（ばっすい）

28 臆断の段階で容疑者を公表すべきではない。（おくだん）

29 自由を心から渇望する。（かつぼう）

30 契約通り責務を履行するように求められた。（りこう）

漢字の読み

音読み 6

●次の——線の**読み**を**ひらがな**で、（　）の中に記せ。

1 叙景に優れた詩だ。（じょけい）

2 奈良の古刹を巡るツアーに家族で参加する。（こさつ）

3 部屋を借りる契約をした。（けいやく）

4 碁では父と互角に戦える。（ご）

5 切り立った崖の中腹に狭い桟道をかける。（さんどう）

6 顧客からのクレームに真摯に対応する。（しんし）

7 荒れ狂う嵐の海から生還して、感涙にむせぶ。（せいかん）

8 年末に物置の整頓をする。（せいとん）

9 該当する項目に鉛筆で印を記入してください。（がいとう）

10 「凄然」とは、もの寂しくわびしいさまを言う。（せいぜん）

11 恵まれた美貌で女優を目指す。（びぼう）

12 育ち盛りの弟は食欲も旺盛だ。（おうせい）

13 最新機器を搭載した車だ。（とうさい）

14 緻密な計画を立てる。（ちみつ）

/30

15 紛争中の両国が和睦できるよう仲介する。（わぼく）

16 ここは自衛隊の駐屯地だ。（ちゅうとん）

17 班ごとに分かれて適宜に食事をとってください。（てきぎ）

18 責任者として糾弾の矢面に立って答弁する。（きゅうだん）

19 リーダーの恣意的な判断に非難が集中した。（しい）

20 優秀な人材が払底している。（ふってい）

21 赤銅色に日焼けした腕がひりひりと痛む。（しゃくどう）

22 窯業の盛んな町を訪れる。（ようぎょう）

23 入院中の友の快癒を祈る。（かいゆ）

24 土塀に囲まれた屋敷が並ぶ。（どべい）

25 全治一か月だった肩の脱臼がようやく治った。（だっきゅう）

26 事故現場の惨状に直面し、慄然とする。（りつぜん）

27 公衆の面前で侮辱された。（ぶじょく）

28 現在、妹は大学で韓国語を学んでいる。（かんこく）

29 事件の一部始終を克明に描いた作品だ。（こくめい）

30 あの政治家は辣腕家として全国的に有名だ。（らつわん）

漢字の読み

音読み

7

次の——線の**読み**を**ひらがな**で、（　）の中に記せ。

1 ラクダに乗って砂漠を行く。（さばく）

2 実践を重ねて自信をつける。（じっせん）

3 昼は麺類を食べることが多い。（めんるい）

4 彼の傲然とした態度がどうしても気に入らない。（ごうぜん）

5 敏感な肌にも優しい化粧品を使っている。（けしょう）

6 相手の心の中を詮索するべきではない。（せんさく）

7 検査で大きな腫瘍が見つかり、手術を受ける。（しゅよう）

8 唯美派の代表的な作家だ。（ゆいび）

9 人は生きる権利を享有する。（きょうゆう）

10 方向音痴で道がわからなくなってしまった。（おんち）

11 国会では与野党間に激しい応酬があった。（おうしゅう）

12 しばらく身柄を勾留する。（こうりゅう）

13 網で昆虫を捕まえる。（こんちゅう）

14 全集を逐次刊行する予定だ。（ちくじ）

／30

15 眼下には閑静な住宅地が広がっている。（かんせい）

16 アルバムで曽祖父の若い頃の写真を見た。（そうそふ）

17 苛酷な訓練に耐え抜く。（かこく）

18 幸い軽症で済んだと聞き、胸をなで下ろした。（けいしょう）

19 舞台で嫉妬に狂う女性の役を見事に演じた。（しっと）

20 来賓から祝辞を頂戴する。（ちょうだい）

21 処方箋を持って薬局に行く。（せん）

22 叔母は北海道の東部で酪農を営んでいる。（らくのう）

23 被告人の供述には曖昧な点が多々ある。（あいまい）

24 晴れた日に布団を干す。（ふとん）

25 箱の中に荷物を保護するための緩衝材を入れる。（かんしょう）

26 大雨による河川の氾濫を厳重に警戒する。（はんらん）

27 正月に親戚の子どもにお年玉をあげた。（しんせき）

28 一昨日から咽喉に若干の違和感がある。（いんこう）

29 彼女は電子工学の先駆者だ。（せんくしゃ）

30 規則に縛られて窮屈だ。（きゅうくつ）

漢字の読み

音読み

8

次の――線の**読み**を**ひらがな**で、（　）の中に記せ。

1 深く長い眠りからようやく覚醒した。（かくせい）

2 敵の牙城を攻める作戦を練る。（がじょう）

3 戦に負けた侍がここで斬殺されたそうだ。（ざんさつ）

4 百年の星霜を経た建物だ。（せいそう）

5 妥協は一切許されない。（だきょう）

6 海外でぜいたく三昧の日々を過ごしている。（ざんまい）

7 組織的な隠蔽工作の全容が明らかになった。（いんぺい）

8 寒い夜は温かい風呂に入って疲れをとる。（ふろ）

9 養蚕が盛んだった土地だ。（ようさん）

10 彼に出会った刹那、たちまち恋に落ちた。（せつな）

11 勢力の均衡を保っている。（きんこう）

12 責任を人に転嫁するな。（てんか）

13 何事も継続が肝腎だ。（かんじん）

14 ついに夢の豪邸を購入した。（ごうてい）

/30

15 君の言うことはただの臆測に過ぎない。（おくそく）

16 珍しい斑紋のチョウが南国で発見された。（はんもん）

17 将来に禍根を残さない解決策を考える。（かこん）

18 うわさの真偽を確かめる。（しんぎ）

19 細菌が繁殖するのを防ぐ。（さいきん）

20 若くして凶刃に倒れる。（きょうじん）

21 心機一転、これまでの怠惰な暮らしを改める。（たいだ）

22 日本の旧制度では五つの爵位があった。（しゃくい）

23 大会の双璧をなすチームがついに激突した。（そうへき）

24 仏道に帰依して毎日修行に励んでいる。（きえ）

25 脊髄反射とは意志に関わりのない瞬間的な運動をいう。（せきずい）

26 甲乙丙で成績を評価する。（へい）

27 この塔は約三百年前に建立されたものだ。（こんりゅう）

28 憂鬱そうな顔の友を気遣う。（ゆううつ）

29 渓流で釣り糸を垂れる。（けいりゅう）

30 学業成就のご利益を期待してお守りを買った。（りやく）

漢字の読み

訓読み 1

／30

次の——線の**読み**を**ひらがな**で、（　）の中に記せ。

1 岬にカモメが群れている。（みさき）

2 首位の座を脅かすチームが台頭してきた。（おびや）

3 江戸の敵を長崎で討つ。（ながさき）

4 壁のポスターを剝がす。（は）

5 ジャガイモをゆでてから細かく潰す。（つぶ）

6 柳の枝が強い風を受けてしなっている。（やなぎ）

7 大敗して惨めな思いをした。（みじ）

8 裏庭の草むしりの合間に縁側で憩う。（いこ）

9 亀の甲より年の功。（かめ）

10 三つの村を併せて新しい町をつくることになった。（あわ）

11 雨上がりの東の空にきれいな虹を見た。（にじ）

12 荷物を麻縄で縛る。（あさなわ）

13 休日は専ら読書をしている。（もっぱ）

14 映画に端役で出演する。（はやく）

15 その道の専門家に教えを請うことにした。（こ）

16 肉を串に刺して焼く。（くし）

17 欠席する旨を幹事に伝える。（むね）

18 お店でズボンの裾上げをしてもらった。（すそ）

19 彼とは昔、同じ釜の飯を食った間柄だ。（かま）

20 酢の物の味つけに工夫を凝らしてみた。（す）

21 惜別の情を詠んだ歌だ。（よ）

22 朝日に照らされた霊峰の神々しい姿を仰ぐ。（こうごう）

23 悔しい思いをばねにして、練習に励む。（くや）

24 闘志の塊のような人だ。（かたまり）

25 埼玉県から都心に赴く。（さいたま）

26 庶民とは桁違いの資産を有している。（けた）

27 晴れた日に新しい靴を履いて出掛ける。（くつ）

28 肘の周りの筋肉が痛む。（ひじ）

29 全国大会優勝を目標に掲げて練習する。（かか）

30 庭の枝垂れ桜のつぼみが膨らんできた。（ふく）

漢字の読み

訓読み

2

●次の——線の**読み**を**ひらがな**で、（　）の中に記せ。

1 大阪は近畿地方の中部に位置している。（おおさか）

2 未払いの費用を過去に遡って支払う。（さかのぼ）

3 祖父の家には年季の入った将棋盤と駒がある。（こま）

4 渦潮の景観に目を見張る。（うずしお）

5 官僚の汚職に憤りを感じる。（いきどお）

6 闇夜に浮かぶ桜が美しい。（やみよ）

7 長い伝統の中で培われてきた技術だ。（つちか）

8 痩せ我慢して痛いのを隠してもすぐにわかる。（や）

9 内緒の話も筒抜けだ。（つつ）

10 法医学の礎を築いた人だ。（いしずえ）

11 若くして亡くなった同窓の友を惜しむ。（な）

12 雨の日は何となく物憂い。（ものう）

13 泥臭い演技をする役者だ。（どろくさ）

14 庭で鈴虫が鳴いている。（すずむし）

／30

15 大役を仰せつかる。（おお）

16 日頃より格別の御愛顧を賜り、御礼申し上げます。（ひごろ）

17 物議を醸すような発言は慎むよう注意する。（かも）

18 告別式に行くために数珠を用意する。（じゅず）

19 猛火を目のあたりにして声も出なかった。（ま）

20 果物をきれいな籠に盛る。（かご）

21 シーツと枕カバーを新しいものに取り替える。（まくら）

22 釣り糸が絡んでしまった。（から）

23 机と本棚の隙間に鉛筆が落ちてしまった。（すきま）

24 緑滴る新緑の季節を迎えた。（したた）

25 念のために予備の鍵を作る。（かぎ）

26 一国を統べる宰相としての力量がある。（す）

27 夏の夕方、軒先に大きな蚊柱が立った。（かばしら）

28 生活は貧困を窮めていた。（きわ）

29 前例に倣って式を簡素に執り行うことにした。（なら）

30 秋の兆しをそこはかとなく感じる候となった。（きざ）

漢字の読み

訓読み 3

●次の――線の読みをひらがなで、（　）の中に記せ。

1 従来の枠にとらわれない新しい発想だ。（わく）

2 鎌を掛けられ、うっかり話してしまった。（かま）

3 空を見上げると宵の明星が輝いていた。（よい）

4 小正月に繭玉を飾る。（まゆだま）

5 農作物が熊に荒らされる。（くま）

6 杉は日本特産の針葉樹だ。（すぎ）

7 人出の多い表通りで、装いも新たに開店する。（よそお）

8 せっかくの努力も水の泡だ。（あわ）

9 浴衣姿で盆踊りの輪に入る。（ゆかた）

10 我が子のごとく慈しむ。（いつく）

11 洞が峠をきめ込んでいる。（ほら）

12 茨城県の親戚に納豆を送ってもらう。（いばらき）

13 三味線に合わせて小唄をうたう。（こうた）

14 机上の一輪の花が芳しい香りを放っている。（かんば）

/30

15 彼の羽振りの良さは羨ましい限りだ。（うらや）

16 坪庭のある古風な家だ。（つぼにわ）

17 せっかくの良い話を蹴る。（け）

18 貴重な時間を割いてもらう。（さ）

19 のどかな田園の風景に思わず心が和む。（なご）

20 頭が切れて且つ人情もある、魅力的な人だ。（か）

21 顎が外れそうなくらいに大笑いする。（あご）

22 先週出した郵便物が宛先不明で返送された。（あてさき）

23 海で危うく溺れそうになった。（おぼ）

24 野良猫が餌を探している。（のら）

25 悪事を働いておきながら涼しい顔をしている。（すず）

26 扉絵には美しい妖精が描かれていた。（とびらえ）

27 彼のその後は、我々には知る由もないことだ。（よし）

28 匂い袋の香りで癒される。（にお）

29 一度凝り出すと納得行くまで止まらない性格だ。（こ）

30 財政再建を錦の御旗《みはた》に掲げる。（にしき）

漢字の読み

訓読み 4

/30

次の——線の**読み**を**ひらがな**で、（　）の中に記せ。

1 箸の使い方一つにも、マナーがある。（はし）

2 入院を機に禁煙を誓った。（ちか）

3 貝塚から土器が見つかる。（かいづか）

4 友だちに唆されていたずらをしてしまった。（そそのか）

5 恥ずかしさで顔が火照る。（ほて）

6 お正月に家族で島根県の出雲《いずも》大社へ初詣に行った。（はつもうで）

7 晴天で棟上げが順調に進む。（むねあ）

8 体よく名誉職に奉られた。（たてまつ）

9 励まされて勇気が湧く。（わ）

10 手持ち無沙汰で鉛筆を弄ぶ。（もてあそ）

11 生きるか死ぬかの瀬戸際に立たされた。（せとぎわ）

12 今年は語学の才に秀でた若者を採用する方針だ。（ひい）

13 そのうわさは眉唾ものだ。（まゆつば）

14 両脇に抱えた荷物を落とさないように注意して歩く。（りょうわき）

15 ブドウの房に害虫よけの袋を掛けた。（ふさ）

16 凸凹した道を舗装する。（でこぼこ）

17 幻の名画を手に入れた。（まぼろし）

18 築山のある雅趣あふれる日本庭園だ。（つきやま）

19 耳を塞ぎたくなるような話をされて気分が悪い。（ふさ）

20 将来を見据えて計画を立てる。（みす）

21 弟はすぐに猫背になるので、姿勢を正すよう注意している。（ねこぜ）

22 帰り道に落とした財布を血眼になって捜す。（ちまなこ）

23 テストで高得点を狙う。（ねら）

24 庭の渋柿の幹に、甘柿の枝を接いだ。（つ）

25 代表の名を辱めない見事な試合だった。（はずかし）

26 みずみずしい柔肌に触れる。（やわはだ）

27 仕事を手際よく処理する。（てぎわ）

28 春になり、山裾では桜が咲き始めた。（やますそ）

29 愛犬が裏庭で野球ボールと戯れている。（たわむ）

30 過去に起きた事例に鑑みて推断を下す。（かんが）

漢字の読み

訓読み

5

次の——線の**読み**を**ひらがな**で、（　）の中に記せ。

1 議会は当たり障りのない答弁に終始した。（さわ）

2 会場の隅々まで目を光らせて忘れ物をチェックする。（すみずみ）

3 出家して尼となる。（あま）

4 冬に温かいお汁粉を食べる。（しるこ）

5 亡父の喪が明けた。（も）

6 誰にも秘密を話さないことを約束する。（だれ）

7 長い間虐げられてきた民衆が立ち上がった。（しいた）

8 事件は人々を恐怖に陥れた。（おとしい）

9 庭で実った柿をお隣にお裾分けした。（かき）

10 政治家として茨の道を歩む覚悟を決める。（いばら）

11 夜空に星が瞬いている。（またた）

12 日照り続きで植物が萎える。（な）

13 祖父の肩に湿布を貼る。（は）

14 靴が窮屈で爪先が痛む。（つまさき）

／30

15 鹿児島県には世界遺産の屋久島がある。（かごしま）

16 児童たちは先生にとても懐いていた。（なつ）

17 あぜ道で蛇を見つけた。（へび）

18 雪崩が起きる虞があるため避難する。（おそれ）

19 主将は柔道部の猛者として知られている。（もさ）

20 俺とお前は竹馬の友だ。（おれ）

21 審議会に諮って検討したい。（はか）

22 今夜は旬の食材をふんだんに使った鍋料理だ。（なべ）

23 台風で壊れた瓦屋根の修理を依頼する。（かわら）

24 垣根越しに挨拶を交わす。（かきね）

25 街に灯がともり始めた。（ひ）

26 緩い坂がしばらく続きます。（ゆる）

27 時間を稼ぐために、話を引き延ばす。（かせ）

28 姉は和服を着て端唄を習いに行っている。（はうた）

29 山では漆にかぶれないように注意しよう。（うるし）

30 近所の倉庫では定期的に棚卸しを行っている。（たなおろ）

漢字の読み

訓読み

6

●次の——線の読みをひらがなで、（　）の中に記せ。

1 彼は政治家としての操を守り通した。（みさお）

2 湯飲みの茶渋を洗剤で落とす。（ちゃしぶ）

3 的を絞って話をしよう。（しぼ）

4 静岡県の親戚の家で、茶畑を見せてもらう。（しずおか）

5 猿知恵を働かせて失敗した。（さるぢえ）

6 満開の藤の花の下で家族写真を撮る。（ふじ）

7 浦風がかすかに吹いている。（うらかぜ）

8 手が足りなくて友だちに助けを乞う。（こ）

9 辞書を傍らに勉強する。（かたわ）

10 有田焼の器が食卓に彩りを添えている。（いろど）

11 拭き掃除を丁寧に行う。（ふ）

12 事故が起きたときの記憶は定かではない。（さだ）

13 上っ面だけの言葉だ。（つら）

14 淫らな話が耳に入る。（みだ）

／30

15 たわわに実った稲穂が風に揺れている。（いなほ）

16 寒いと思ったら屋外は初霜が降りていた。（はつしも）

17 言葉を交わすことから親愛の情が生まれる。（か）

18 泥縄式の対策を立てても効果はない。（どろなわ）

19 すごすご尻尾を巻いて逃げ出した。（しっぽ）

20 人品卑しからぬ紳士だ。（いや）

21 人を呪わば穴二つ。（のろ）

22 不注意に因るミスだ。（よ）

23 この推理小説の結末は想像に難くない。（かた）

24 突然、砂嵐に襲われた。（すなあらし）

25 材料は各で用意すること。（おのおの）

26 憧れの職に就けてうれしい。（あこが）

27 虫歯が悪化して、顔が腫れてしまった。（は）

28 余暇はスポーツに充てることが多い。（あ）

29 この会社は資金難で崖っぷちに立たされている。（がけ）

30 突然、追及の矛先がこちらに向けられた。（ほこさき）

漢字の読み

訓読み

7

/30

次の——線の**読み**を**ひらがな**で、（　）の中に記せ。

1 鼓の音が一瞬、能楽堂の静寂を破った。（つづみ）

2 ゴール前で激しく競り合う。（せ）

3 子どもが道で転んで膝を擦りむいた。（ひざ）

4 豪壮な山車が町中を通る祭りに参加した。（だし）

5 八百長の疑いがある試合だ。（やおちょう）

6 喉元過ぎれば熱さを忘れる。（のどもと）

7 彼の歌は玄人並みだ。（くろうと）

8 伯父は鳥取県の果樹園で梨を栽培している。（なし）

9 自分本位で判断する悪い癖を直したい。（くせ）

10 富士山の麓に春が訪れる。（ふもと）

11 未開の分野に挑む研究チームが発足された。（いど）

12 若葉に春の息吹を感じる。（いぶき）

13 蜜蜂は受粉を媒介する。（みつばち）

14 英語を自由に操る人だ。（あやつ）

15 両親の愛情に飢えている。（う）

16 取れたてのイチゴを口いっぱいに頬張る。（ほおば）

17 薄幸な身の上を愁える。（うれ）

18 麗しい師弟愛を描いた小説だ。（うるわ）

19 野生の鹿が町にあらわれ、騒ぎになった。（しか）

20 艶やかな髪に思わず見とれてしまった。（つや）

21 このたびは謹んでお悔やみ申し上げます。（つつし）

22 いくらわびても償いきれない過ちだ。（つぐな）

23 花柄の傘を購入した。（かさ）

24 優勝の暁には皆でお祝いをしましょう。（あかつき）

25 河口で投網を打っている人を見かけた。（とあみ）

26 手綱を強く握り、馬を駆る。（たづな）

27 彼岸に親戚が集まり、先祖の墓を詣でた。（もう）

28 唇にリップクリームを塗る。（くちびる）

29 台所から豆を煎る香ばしい香りが漂ってきた。（い）

30 俳優の悪役のイメージが拭いきれない。（ぬぐ）

漢字の読み

訓読み

8

●次の——線の**読み**を**ひらがな**で、（ ）の中に記せ。

1 自ら攻撃の矢面に立ち、勇敢に戦った。（やおもて）

2 秋の野に葛が咲いている。（くず）

3 愛媛県の友だちから箱いっぱいのミカンが届く。（えひめ）

4 家族にみとられながら逝く。（い ゆ）

5 嫁の手料理を自慢する。（よめ）

6 懐かしい文化の薫りに満ちあふれた町だ。（かお）

7 事件の謎は深まるばかりだ。（なぞ）

8 一人娘に婿を迎えた。（むこ）

9 校庭で運動中、右の膝頭に痛みが走った。（ひざがしら）

10 募集に対して僅かの応募しかなかった。（わず）

11 自らの愚かな言動を恥じる。（おろ）

12 雪道で転んで尻餅をついた。（しりもち）

13 忌まわしい過去を清算する。（い）

14 耕運機で畑に畝を作って種をまいた。（うね）

／30

15 電車の席に大股を開いて座るのは良くない。（おおまた）

16 他人を妬んでも仕方ない。（ねた）

17 ろうそくの炎が揺れている。（ほのお）

18 升目の小さい原稿用紙に論文を書く。（ますめ）

19 先週、久しぶりに桟敷で芝居を見物した。（さじき）

20 病床の弟の快復を祈って千羽鶴を折る。（せんばづる）

21 田舎にいる叔父は父の弟です。（おじ）

22 日本の旧暦で三月のことを弥生という。（やよい）

23 丼に山盛りのご飯をよそう。（どんぶり）

24 酸いも甘いもかみ分ける。（す）

25 水鳥が城の堀で羽を休めている。（ほり）

26 この器は腕利きの職人によって作られた。（うでき）

27 祖母と栃木県の日光東照宮を訪れる。（とちぎ）

28 具合が悪いのでかかりつけの医師に診てもらった。（み）

29 黒髪にかんざしを挿す。（さ）

30 同郷の友と久しぶりに酒を酌み交わす。（く）

漢字の読み

音訓読み

1

次の――線の**読み**を**ひらがな**で、（　）の中に記せ。

1 もとになった本のことを藍本という。（らんぽん）

2 祖母からもらった藍染めの着物に袖を通す。（あい）

3 古い書類は全て廃棄した。（はいき）

4 昔ながらの習俗がいつの間にか廃れた。（すた）

5 控訴して争うつもりだ。（こうそ）

6 塩分を控えた食事にする。（ひか）

7 日本の財界の重鎮とまでいわれた人物だ。（じゅうちん）

8 内乱が鎮まってようやく平和が戻った。（しず）

9 遺産の相続で兄弟の間に醜い葛藤が生まれる。（かっとう）

10 葛湯を飲んで体を温める。（くずゆ）

11 声を潤ませて弔辞を読む。（ちょうじ）

12 亡父の弔いを済ませた。（とむら）

13 収賄の疑いは極めて薄い。（しゅうわい）

14 剰余金で赤字分を賄った。（まかな）

／30

15 販売競争激甚の時代を一丸となって勝ち抜く。（げきじん）

16 お門違いも甚だしい。（はなは）

17 煩雑な手続きを見直す。（はんざつ）

18 息子の将来を思い煩い眠れぬ日々が続く。（わずら）

19 エビやカニは節足動物の中の甲殻類に属する。（こうかく）

20 屋敷に着くと、中はもぬけの殻だった。（から）

21 この本では日本の妖怪が紹介されている。（ようかい）

22 美女の妖しい視線を感じる。（あや）

23 貪欲に勝利を追い求める。（どんよく）

24 大好きな推理小説を貪るように読む。（むさぼ）

25 チームの優勝に貢献できてうれしい。（こうけん）

26 隣国からの使者が多くの貢ぎ物を持ってきた。（みつ）

27 他人を嘲笑して叱られた。（ちょうしょう）

28 嘲るような目つきで見られて不愉快だ。（あざけ）

29 東西から挟撃作戦をとる。（きょうげき）

30 コスモスを本に挟んで押し花にする。（はさ）

漢字の読み

音訓読み 2

/30

次の——線の読みをひらがなで、（　）の中に記せ。

1 父が会社での功績を認められ、褒賞を受けた。（ほうしょう）

2 丁寧な字だと褒められた。（ほ）

3 藻類が群生している比較的暖かい海だ。（そうるい）

4 船のスクリューに藻が絡んでしまった。（も）

5 試合で殊勲賞を獲得した。（しゅくん）

6 今年は作柄が殊に良いようだ。（こと）

7 指導者から鉄拳が飛ぶ。（てっけん）

8 拳を握って歯を食いしばる。（こぶし）

9 好餌に釣られて契約してはいけない。（こうじ）

10 ペットショップで金魚用の餌を買った。（えさ）

11 ついに派閥の領袖にまで上り詰めた。（りょうしゅう）

12 新しいスーツに袖を通す。（そで）

13 川の水が渦紋を描いている。（かもん）

14 事件の渦に巻き込まれた。（うず）

15 採掘現場で爆薬を仕掛けて岩石を粉砕した。（ふんさい）

16 会社の再建に、日夜心を砕いている。（くだ）

17 参拝した寺には灯籠がたくさんあった。（とうろう）

18 魚を焼いた煙が部屋に籠もっている。（こ）

19 日頃から乱暴な言動が目立つ生徒を説諭する。（せつゆ）

20 先輩から懇々と諭された。（さと）

21 相手の身勝手さに憤然とする。（ふんぜん）

22 人命軽視の世相を憤る。（いきどお）

23 師の薫陶よろしきを得た。（くんとう）

24 庭の梅が薫る候になった。（かお）

25 これを契機に方針を改める。（けいき）

26 神前で夫婦の固い契りを交わした二人だ。（ちぎ）

27 道理をわきまえて悟る心を、諦念という。（ていねん）

28 三回失敗して、ようやく諦めがついた。（あきら）

29 長年の目的実現のため深謀を巡らす。（しんぼう）

30 謀られたか、と思ったときは遅かった。（はか）

漢字の読み

音訓読み

3

/30

● 次の——線の**読み**を**ひらがな**で、（　）の中に記せ。

1 紡織の盛んな町だった。（ぼうしょく）

2 糸を紡いで巻き取る。（つむ）

3 先生から借用していた参考書を返戻する。（へんれい）

4 修理に出していた腕時計がようやく戻ってきた。（もど）

5 犬は人間よりも嗅覚が発達しているそうだ。（きゅうかく）

6 コーヒーの香りを嗅ぐ。（か）

7 恐慌のため、社会は大きく混乱した。（きょうこう）

8 今日は朝から慌ただしい。（あわ）

9 何度も催促されて、やっと重い腰をあげた。（さいそく）

10 決意の表明を促された。（うなが）

11 地下茎は栄養分を蓄える。（ちかけい）

12 花が茎から折れてしまった。（くき）

13 しめやかに学友の追悼式が行われた。（ついとう）

14 女優の早すぎる死を悼む。（いた）

15 好天に恵まれ、釣果は上々だった。（ちょうか）

16 巧言に釣られて要らない物を買ってしまった。（つ）

17 新刊書籍の中から良書を生徒に推薦する。（すいせん）

18 会長候補としてあなたを薦めるつもりだ。（すす）

19 賭博の罪で逮捕された。（とばく）

20 二度と賭け事にかかわらないことを誓う。（か）

21 ピアノの鍵盤に優しく触れる。（けんばん）

22 鍵穴から室内の光が漏れる。（かぎあな）

23 対応の悪さに、ついに堪忍袋の緒が切れた。（かんにん）

24 聞くに堪えないほどのひどい言葉の応酬だった。（た）

25 憎い相手に罵声を浴びせる。（ばせい）

26 信念を通すためなら、いくら罵られてもかまわない。（ののし）

27 眼科で瞳孔の検査を受ける。（どうこう）

28 瞳を輝かせながら夢を語る。（ひとみ）

29 まるで心の奥まで透視するような目だ。（とうし）

30 透かし彫りの欄間がある座敷に通される。（す）

漢字の読み

音訓読み

4

●次の――線の**読み**を**ひらがな**で、（　）の中に記せ。

1 恐竜の頭蓋骨を発見した。（ずがいこつ／とうがいこつ）

2 ついに戦いの火蓋が切られた。（ひぶた）

3 花は妖艶な美しさで虫を引き寄せる。（ようえん）

4 体が温まって次第に肌の色艶が良くなる。（いろつや）

5 難しい話題に対して拒絶反応を示す。（きょぜつ）

6 申し出を拒まれた。（こば）

7 焦燥に駆られ、落ち着かない。（しょうそう）

8 勝ちを焦ってしくじるな。（あせ）

9 雨滴の音が聞こえる。（うてき）

10 額から汗の滴がしたたり落ちている。（しずく）

11 旅館の玄関に鳥の剥製を置く。（はくせい）

12 悪党の仮面を剥いで正体を暴露する。（は）

13 彼は最近、奇矯な言動が目立つようだ。（ききょう）

14 盆栽の松の枝を矯める。（た）

／30

15 偉大な王に対して畏怖の念を抱く。（いふ）

16 神をも畏れぬ所業だ。（おそ）

17 水道管が寒さで破裂し、漏水している。（ろうすい）

18 情報がどこかで漏れている可能性がある。（も）

19 奥まで汚れの詰まった排水溝を掃除する。（はいすいこう）

20 二人の間に溝ができた。（みぞ）

21 隣家は今日はまだ門扉を閉ざしたままだ。（もんぴ）

22 著者が本の扉に署名した。（とびら）

23 彼の狙撃の腕前は天下一品と評されている。（そげき）

24 計画は狙い通りに進んだ。（ねら）

25 謙譲の美徳を尊ぶ。（けんじょう）

26 自説を主張し、互いに一歩も譲らない。（ゆず）

27 新規事業に破綻が生じ、対応に追われる。（はたん）

28 思いがけない吉報を受け、口元が綻びる。（ほころ）

29 胸部疾患のため入院した。（しっかん）

30 姉は十年前から花粉症を患っている。（わずら）

●次の——線の**読み**を**ひらがな**で、（　）の中に記せ。

1 備蓄していた兵糧がとうとう尽きてしまった。（ひょうろう）

2 音楽を心の糧としている。（かて）

3 一か月前から臼歯の治療に通っている。（きゅうし）

4 茶葉を臼で丁寧にひく。（うす）

5 いかなる裁きも甘んじて受ける覚悟だ。（かくご）

6 悟りの境地に達した。（さと）

7 怠け癖を伯父に叱責された。（しっせき）

8 いたずらをした子を親が叱る。（しか）

9 ボールは相手の股間を抜けてゴールに突き刺さった。（こかん）

10 和服を着て少し内股で歩く。（うちまた）

11 内容が今一つ空疎な文章だ。（くうそ）

12 今更思い出すのも疎ましい出来事だ。（うと）

13 貢ぎ物を差し出して恭順の意を表した。（きょうじゅん）

14 恭しい態度で接した。（うやうや）

15 保育園から懐かしい**童謡**が聞こえてきた。（どうよう）

16 祖父は毎週一回、**謡**の練習に通っている。（うたい）

17 **摂政**として力を振るう。（せっしょう）

18 かつて国の**政**が執り行われた宮殿だ。（まつりごと）

19 彼は周囲からの**蔑視**をものともしない。（べっし）

20 他人を**蔑**むような発言はやめなさい。（さげす）

21 **焦眉**の急に慌てふためく。（しょうび）

22 **眉**一つ動かさずに答える。（まゆ）

23 現場の壁には多数の**血痕**が飛び散っていた。（けっこん）

24 現在も町の随所に台風の**爪痕**が残る。（つめあと）

25 **懇切**丁寧に説明する。（こんせつ）

26 **懇**ろなおもてなしに心から感謝します。（ねんご）

27 電気コードはゴムなどの絶縁体で**被覆**する必要がある。（ひふく）

28 多大な恩恵を**被**った。（こうむ）

29 心の**琴線**に触れる言葉だ。（きんせん）

30 美しい**琴**の調べがどこからか聞こえてきた。（こと）

漢字の読み

音訓読み

6

● 次の――線の**読み**を**ひらがな**で、（　）の中に記せ。

1 唾液には食物を柔らかくし、消化を助ける役割がある。（だえき）

2 会見の様子を固唾をのんで見守っていた。（かたず）

3 原料の繭糸を加工する。（けんし）

4 蚕が繭を作る様子を数日間観察する。（まゆ）

5 鳥が突堤で羽を休めている。（とってい）

6 堤を歩くのが日課だ。（つつみ）

7 斬新な発想に目を見張る。（ざんしん）

8 侍が刀を抜いて斬りかかる。（き）

9 懐郷の念に駆られる。（かいきょう）

10 彼は社長の懐刀として大いに活躍した。（ふところ）

11 煎餅を兄弟で分けて食べる。（せんべい）

12 鏡餅を神仏に供える。（かがみもち）

13 一国の興亡にかかわる大事件が勃発した。（こうぼう）

14 地域の特色を生かした新しい産業を興す。（おこ）

/30

15 軽率な言動に走らないように自戒する。（じかい）

16 先輩の戒めを忠実に守る。（いまし）

17 誰にも言論の自由を阻害することはできない。（そがい）

18 宿敵に連勝を阻まれる。（はば）

19 湖畔の別荘では、爽快な朝が迎えられる。（そうかい）

20 爽やかな香りの柔軟剤だ。（さわ）

21 レーダーが上空で謎の飛行物体を捕捉した。（ほそく）

22 兄は好機を捉えて商売に乗り出した。（とら）

23 定石通りに捜査を進める。（そうさ）

24 逃げ出した愛犬を捜して東奔西走している。（さが）

25 資金が枯渇してしまった。（こかつ）

26 彼女の素晴らしい演奏が渇いた心を癒してくれた。（かわ）

27 相手の迷惑など歯牙にもかけない人だ。（しが）

28 マンモスの牙が発掘された。（きば）

29 「虎穴に入らずんば虎子を得ず」ということわざがある。（こけつ）

30 虎の赤ちゃんが仲良くじゃれ合っている。（とら）

熟語の構成 1

熟語の構成のしかたには次のようなものがある。

ア　同じような意味の漢字を重ねたもの　（**岩石**）
イ　反対または対応の意味を表す字を重ねたもの　（**高低**）
ウ　上の字が下の字を修飾しているもの　（**洋画**）
エ　下の字が上の字の目的語・補語になっているもの　（**着席**）
オ　主語と述語の関係にあるもの　（**地震**）
カ　上の字が下の字の意味を打ち消しているもの　（**無為**）

次の**熟語**は右の**ア～カ**のどれにあたるか、一つ選び、**記号**を（　）の中に記せ。

1	威嚇	（ア）
2	国営	（オ）
3	撤兵	（エ）
4	未熟	（カ）
5	宣誓	（エ）
6	吉凶	（イ）
7	逓減	（ウ）
8	広漠	（ア）
9	環礁	（ウ）
10	巧拙	（イ）
11	不祥	（カ）
12	戴冠	（エ）
13	銃創	（ウ）
14	賠償	（ア）
15	旦夕	（イ）
16	露顕	（ア）
17	日没	（オ）
18	贈賄	（エ）
19	妖術	（ウ）
20	叱声	（ウ）

／60

21 彙報 （ウ）
22 盗塁 （エ）
23 隠匿 （ア）
24 白眉 （ウ）
25 萎縮 （ア）
26 衆寡 （イ）
27 愚痴 （ア）
28 釣果 （ウ）
29 飢餓 （ア）
30 真偽 （イ）

31 哺乳 （エ）
32 附表 （ウ）
33 慶弔 （イ）
34 明滅 （イ）
35 不遇 （カ）
36 広汎 （ア）
37 叙情 （エ）
38 逝去 （ア）
39 浄財 （ウ）
40 逸品 （ウ）

41 遷宮 （エ）
42 来賓 （ウ）
43 墨痕 （ウ）
44 正邪 （イ）
45 廉価 （ウ）
46 嘲弄 （ア）
47 隠顕 （イ）
48 克己 （エ）
49 淫乱 （ア）
50 語呂 （ウ）

51 冶金 （エ）
52 早晩 （イ）
53 脊椎 （ア）
54 研磨 （ア）
55 徹宵 （エ）
56 怨敵 （ウ）
57 非常 （カ）
58 硬軟 （イ）
59 鬱屈 （ア）
60 及落 （イ）

熟語の構成 2

/60

●**熟語の構成**のしかたには次のようなものがある。

ア　同じような意味の漢字を重ねたもの　（**岩石**）
イ　反対または対応の意味を表す字を重ねたもの　（**高低**）
ウ　上の字が下の字を修飾しているもの　（**洋画**）
エ　下の字が上の字の目的語・補語になっているもの　（**着席**）
オ　主語と述語の関係にあるもの　（**地震**）
カ　上の字が下の字の意味を打ち消しているもの　（**無為**）

次の**熟語**は右の**ア〜カ**のどれにあたるか、一つ選び、**記号**を（　）の中に記せ。

1　雪崩　（オ）
2　楷書　（ウ）
3　耐震　（エ）
4　喪失　（ア）
5　遡源　（エ）
6　不浄　（カ）
7　雲泥　（イ）
8　祈念　（ア）
9　県営　（オ）
10　義憤　（ウ）

11　争覇　（エ）
12　漆黒　（ウ）
13　媒介　（ア）
14　酪農　（ウ）
15　上棟　（エ）
16　沃野　（ウ）
17　存廃　（イ）
18　無尽　（カ）
19　剰余　（ア）
20　溺死　（ウ）

21 畏友（ウ）
22 漸進（ウ）
23 捜索（ア）
24 便箋（ウ）
25 美醜（イ）
26 艶聞（ウ）
27 享楽（エ）
28 暫定（ウ）
29 衝突（ア）
30 貸借（イ）

31 奔流（ウ）
32 検閲（ア）
33 蹴球（エ）
34 公営（オ）
35 旋回（ア）
36 雅俗（イ）
37 好餌（ウ）
38 放恣（ア）
39 懐古（エ）
40 未遂（カ）

41 含羞（エ）
42 賭博（ア）
43 独吟（ウ）
44 私塾（ウ）
45 国立（オ）
46 報酬（ア）
47 侮蔑（ア）
48 親疎（イ）
49 崇仏（エ）
50 棋譜（ウ）

51 経緯（イ）
52 錦秋（ウ）
53 無窮（カ）
54 嫌悪（ア）
55 免疫（エ）
56 曽孫（ウ）
57 出没（イ）
58 俊秀（ア）
59 灯芯（ウ）
60 皮膚（ア）

熟語の構成

3

●**熟語の構成**のしかたには次のようなものがある。

ア　同じような意味の漢字を重ねたもの　（**岩石**）
イ　反対または対応の意味を表す字を重ねたもの　（**高低**）
ウ　上の字が下の字を修飾しているもの　（**洋画**）
エ　下の字が上の字の目的語・補語になっているもの　（**着席**）
オ　主語と述語の関係にあるもの　（**地震**）
カ　上の字が下の字の意味を打ち消しているもの　（**無為**）

次の**熟語**は右の**ア～カ**のどれにあたるか、一つ選び、**記号**を（　）の中に記せ。

1　譲位　（エ）
2　厄年　（ウ）
3　甲殻　（ア）
4　不稽　（カ）
5　佳境　（ウ）
6　県立　（オ）
7　珠玉　（ア）
8　喫茶　（エ）
9　難渋　（ア）
10　毀誉　（イ）

11　陥没　（ア）
12　無粋　（カ）
13　僅少　（ア）
14　禍福　（イ）
15　涼風　（ウ）
16　遮光　（エ）
17　製靴　（エ）
18　官邸　（ウ）
19　頓才　（ウ）
20　哀愁　（ア）

／60

21 諾否（イ）

22 拉致（ア）

23 施錠（エ）

24 遜色（ウ）

25 民営（オ）

26 乾麺（ウ）

27 禁錮（ア）

28 嫉視（ウ）

29 未聞（カ）

30 霊魂（ア）

31 製缶（エ）

32 殉教（エ）

33 退寮（エ）

34 解剖（ア）

35 懇請（ウ）

36 愉悦（ア）

37 語彙（ウ）

38 遮蔽（ア）

39 汎愛（ウ）

40 養蜂（エ）

41 振鈴（エ）

42 鉄柵（ウ）

43 検疫（エ）

44 付箋（ウ）

45 紡績（ア）

46 去就（イ）

47 直喩（ウ）

48 往還（イ）

49 甚大（ウ）

50 枢要（ア）

51 妙齢（ウ）

52 弾劾（ア）

53 遡及（ウ）

54 造幣（エ）

55 尊崇（ア）

56 補塡（ウ）

57 独酌（ウ）

58 哀悼（ア）

59 遷都（エ）

60 辛辣（ア）

熟語の構成

4

熟語の構成のしかたには次のようなものがある。

ア　同じような意味の漢字を重ねたもの　（**岩石**）
イ　反対または対応の意味を表す字を重ねたもの　（**高低**）
ウ　上の字が下の字を修飾しているもの　（**洋画**）
エ　下の字が上の字の目的語・補語になっているもの　（**着席**）
オ　主語と述語の関係にあるもの　（**地震**）
カ　上の字が下の字の意味を打ち消しているもの　（**無為**）

次の**熟語**は右の**ア〜カ**のどれにあたるか、一つ選び、**記号**を（　）の中に記せ。

1　性善　（オ）
2　痩身　（ウ）
3　誓詞　（ウ）
4　模擬　（ア）
5　苦衷　（ウ）
6　首尾　（イ）
7　分析　（ア）
8　雷鳴　（オ）
9　印籠　（ウ）
10　殺菌　（エ）

11　詔勅　（ア）
12　赴任　（エ）
13　酷似　（ウ）
14　功罪　（イ）
15　儒教　（ウ）
16　稽古　（エ）
17　急逝　（ウ）
18　謙譲　（ア）
19　開廷　（エ）
20　不穏　（カ）

／60

21 渋柿 （ウ）
22 破毀 （ア）
23 布巾 （ア）
24 遭難 （エ）
25 変貌 （エ）
26 食餌 （ア）
27 抹茶 （ウ）
28 伸縮 （イ）
29 堆肥 （ウ）
30 虜囚 （ア）

31 醜態 （ウ）
32 座礁 （エ）
33 憂愁 （ア）
34 抑揚 （イ）
35 蓋世 （エ）
36 頻繁 （ア）
37 仙境 （ウ）
38 配膳 （エ）
39 失踪 （エ）
40 下顎 （ウ）

41 寛厳 （イ）
42 直轄 （ウ）
43 謄写 （ア）
44 呪術 （ウ）
45 納棺 （エ）
46 推奨 （ア）
47 村営 （オ）
48 公僕 （ウ）
49 是非 （イ）
50 妄想 （ウ）

51 亀甲 （ウ）
52 幽冥 （ア）
53 石窟 （ウ）
54 凡庸 （ア）
55 府立 （オ）
56 迅速 （ア）
57 鬱勃 （ア）
58 王妃 （ウ）
59 不遜 （カ）
60 遺骸 （ウ）

部首 1

次の漢字の**部首**を（　）の中に記せ。

〈例〉菜（艹）　間（門）

1 傲（亻）
2 款（欠）
3 剛（刂）
4 麓（木）
5 衷（衣）

6 貞（貝）
7 羅（罒）
8 彰（彡）
9 尻（尸）
10 縄（糸）

11 呉（口）
12 怨（心）
13 畝（田）
14 朕（月）
15 羞（羊）

16 硝（石）
17 璃（王）
18 畿（田）
19 斉（斉）
20 磨（石）

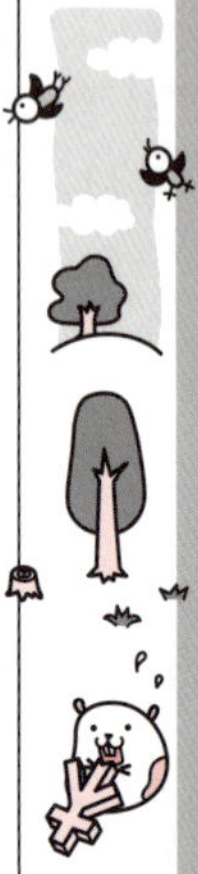

/44

21 耗（耒）

22 埼（土）

23 索（糸）

24 且（一）

25 媛（女）

26 瓦（瓦）

27 麻（麻）

28 粛（聿）

29 阜（阜）

30 靴（革）

31 顎（頁）

32 襟（衤）

33 栓（木）

34 辣（辛）

35 彙（彑）

36 弔（弓）

37 奔（大）

38 賓（貝）

39 摯（手）

40 載（車）

41 亭（亠）

42 殉（歹）

43 爵（爫）

44 尼（尸）

部首 2

次の漢字の**部首**を（　）の中に記せ。

〈例〉菜（艹）　間（門）

1 嗣（口）
2 乗（ノ）
3 旦（日）
4 諧（言）
5 壁（土）

6 椅（木）
7 壱（士）
8 互（二）
9 箸（⺮）
10 崎（山）

11 傘（人）
12 褒（衣）
13 凸（凵）
14 萎（艹）
15 乞（乙）

16 窯（穴）
17 蛍（虫）
18 斎（斉）
19 叔（又）
20 曖（日）

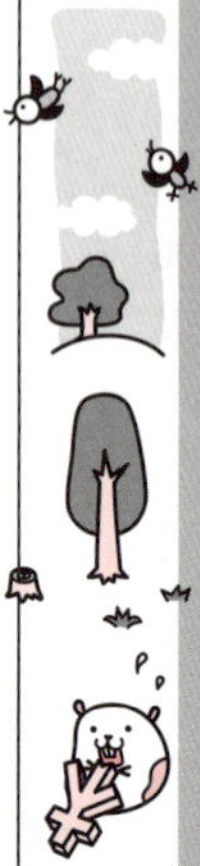

／44

部首

21 慶（心）

22 虞（虍）

23 缶（缶）

24 翁（羽）

25 瓶（瓦）

26 桁（木）

27 尚（⺌）

28 嘲（口）

29 窃（穴）

30 喩（口）

31 窮（穴）

32 崖（山）

33 甚（甘）

34 鬱（鬯）

35 麺（麦）

36 釜（金）

37 呂（口）

38 妄（女）

39 麦（麦）

40 隙（阝）

41 再（冂）

42 畏（田）

43 泰（氺）

44 丼（丶）

次の漢字の**部首**を（　）の中に記せ。

〈例〉菜（艹）　間（門）

1	岡	（山）
2	亜	（二）
3	頒	（頁）
4	抄	（扌）
5	臭	（自）
6	亀	（亀）
7	利	（刂）
8	慮	（心）
9	曹	（曰）
10	以	（人）
11	宛	（宀）
12	斥	（斤）
13	尉	（寸）
14	爽	（大）
15	梨	（木）
16	津	（氵）
17	戚	（戈）
18	舞	（舛）
19	匂	（勹）
20	凹	（凵）

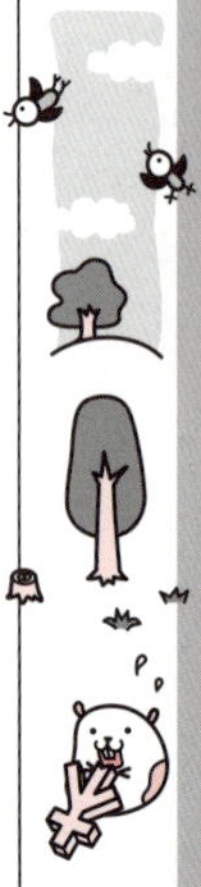

／44

21 庶（广）

22 蹴（⻊）

23 弊（廾）

24 箋（⺮）

25 憲（心）

26 顕（頁）

27 累（糸）

28 串（丨）

29 典（八）

30 爪（爪）

31 歳（止）

32 藤（⺾）

33 覇（覀）

34 憬（忄）

35 丙（一）

36 屯（屮）

37 巨（工）

38 緻（糸）

39 卑（十）

40 寧（宀）

41 吏（口）

42 勅（力）

43 鹿（鹿）

44 碁（石）

部首

4

次の漢字の**部首**を（　）の中に記せ。

〈例〉菜（艹）　間（門）

1 薫（艹）
2 剥（刂）
3 茨（艹）
4 先（儿）
5 頻（頁）

6 捗（扌）
7 塾（土）
8 戯（戈）
9 了（亅）
10 叙（又）

11 弐（弋）
12 斑（文）
13 嫉（女）
14 謎（言）
15 升（十）

16 韻（音）
17 弄（廾）
18 庸（广）
19 畜（田）
20 兼（八）

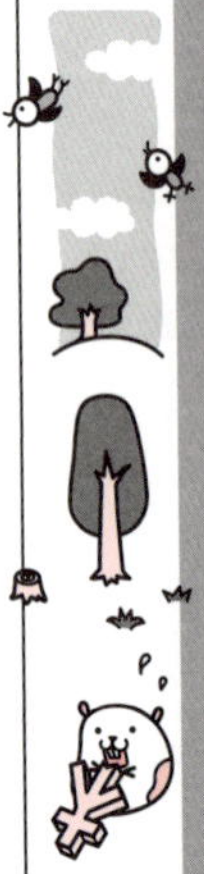

/44

部首

21 惧 （忄）
22 唇 （口）
23 繭 （糸）
24 栃 （木）
25 軟 （車）
26 暫 （日）

27 舷 （舟）
28 熊 （灬）
29 膝 （月）
30 瑠 （王）
31 賂 （貝）
32 奨 （大）

33 恭 （小）
34 曽 （曰）
35 壮 （士）
36 争 （亅）
37 衰 （衣）
38 塑 （土）

39 鶴 （鳥）
40 璽 （玉）
41 弥 （弓）
42 窟 （穴）
43 献 （犬）
44 垂 （土）

漢字と送りがな 1

● 次の――線の**カタカナ**を**漢字**と**送りがな**（**ひらがな**）に直して（　）の中に記せ。

〈例〉問題に**コタエル**。（答える）

1 眼下の絶景を**ナガメル**。（眺める）

2 大関の名を**ハズカシメル**わけにはいかない。（辱める）

3 滝のように流れる汗をタオルで**ヌグウ**。（拭う）

4 娘が**トツグ**日を思うと憂鬱だ。（嫁ぐ）

5 長老を会長に**カツギ**出す。（担ぎ）

6 子猫がまりと**タワムレル**。（戯れる）

7 せっかくの旅行で雨に降られて**ウラメシイ**。（恨めしい）

8 ついに進退ここに**キワマッ**てしまった。（窮まっ）

9 一日も早く**イマワシイ**思い出から逃れたい。（忌まわしい）

10 先祖が眠る墓に**モウデル**。（詣でる）

11 日々、努力を**オコタラ**ない。（怠ら）

12 松の枝を針金で**タメル**。（矯める）

13 その年で**フケル**のは早い。（老ける）

14 小説の執筆のため部屋に**コモル**。（籠もる）

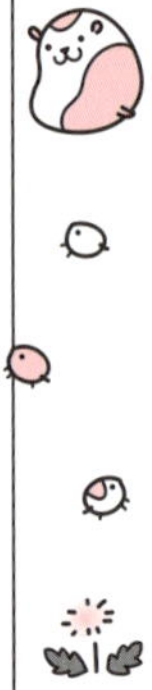

／30

15 今更罰を**マヌカレル**ことはできない。（免れる）

16 勝負は**マタタク**間に決まってしまった。（瞬く）

17 名月の夜、琴を**カナデル**。（奏でる）

18 得意そうに胸を**ソラス**。（反らす）

19 川を**ハサン**で険しい山がそびえたつ。（挟ん）

20 行事は万事**トドコオリ**なく全て終了した。（滞り）

21 プレゼントのお金は、会費から**マカナウ**ようにしよう。（賄う）

22 賓客を**ネンゴロニ**もてなす。（懇ろに）

23 公衆の面前で**ノノシラ**れた。（罵ら）

24 勝ちを**アセル**とかえって敗れるものだ。（焦る）

25 候補者として**ススメル**のにふさわしい人物だ。（薦める）

26 ついついお金持ちを**ネタン**でしまう。（妬ん）

27 休日に急な仕事が入って遊ぶ予定が**ツブレル**。（潰れる）

28 近年、宇宙に関する科学技術の進歩が**イチジルシイ**。（著しい）

29 **ソソノカサ**れても動じない。（唆さ）

30 簡単に夢を**アキラメル**な。（諦める）

漢字と送りがな 2

/30

● 次の——線のカタカナを漢字と送りがな（ひらがな）に直して（　）の中に記せ。

〈例〉問題にコタエル。（答える）

1 シタタル汗を拭う。（滴る）

2 確かに御注文をウケタマワリました。（承り）

3 雪にウモレた長い冬だった。（埋もれ）

4 己の不運をノロウしかない。（呪う）

5 文章の主旨をトラエル。（捉える）

6 会はナゴヤカナ雰囲気のうちに終わった。（和やかな）

7 後片付けをするよう何度も口をスッパクして注意した。（酸っぱく）

8 聞くのもケガラワシイ話だ。（汚らわしい）

9 地域の発展をサマタゲル要因を除く。（妨げる）

10 目的をトゲルためには手段を選ばない男だ。（遂げる）

11 大病もなくスコヤカニ育つ。（健やかに）

12 肺をワズライ、入院した。（患い）

13 町が経済的にウルオッた。（潤っ）

14 休日に惰眠をムサボル。（貪る）

15 世間体を取り**ツクロウ**人だ。（繕う）

16 負けることを**ホッスル**者などいない。（欲する）

17 栄養が**カタヨラ**ないように注意する。（偏ら）

18 事実を**フマエ**たうえで適正に判断する。（踏まえ）

19 安全運転のため、いったん速度を**ユルメル**。（緩める）

20 天地が**クツガエル**ような騒ぎが起きた。（覆る）

21 **クサイ**ものに蓋をする。（臭い）

22 非常識も**ハナハダシイ**。（甚だしい）

23 父から理非をわきまえるよう懇々と**サトサ**れた。（諭さ）

24 長雨で畳が**シメッポイ**。（湿っぽい）

25 トンビが大空に輪を**エガイ**て飛んでいる。（描い）

26 敵の目を**アザムク**ために迷彩服を着る。（欺く）

27 水に恵まれ酒を**カモス**のに適している。（醸す）

28 長く**アコガレ**ていた人にやっと会えた。（憧れ）

29 伝統的な行事が**スタレル**。（廃れる）

30 電報を誰に**アテル**べきか悩む。（宛てる）

送りがな

漢字と送りがな 3

/30

次の——線のカタカナを漢字と送りがな（ひらがな）に直して（　）の中に記せ。

〈例〉問題にコタエル。（答える）

1 イルカはカシコイ動物だ。（賢い）

2 天気がクズレルようだ。（崩れる）

3 イサギヨク負けを認めた。（潔く）

4 仲間とグループ展をモヨオス。（催す）

5 シイタゲられていた動物を救助する。（虐げ）

6 バラの花のニオイに思わずうっとりする。（匂い）

7 二つの誘いに心がユラグ。（揺らぐ）

8 彼女のアヤシイ魅力のとりこになる。（妖しい）

9 カンバシクない試合結果に肩を落とす。（芳しく）

10 時には叱るよりホメルことも大切だ。（褒める）

11 永遠の愛をチカイ合った。（誓い）

12 獲物をネラッて矢を射る。（狙っ）

13 理不尽な要求をコバンだ。（拒ん）

14 不意に行く手をハバマれた。（阻ま）

15 祖母は毎年六月に梅の実を塩に**ツケル**。（漬ける）

16 「花も**ハジラウ**年頃」という言葉がある。（恥じらう）

17 毎年決まって、君主に新しい酒を**ミツイ**でいる。（貢い）

18 白紙に**モドシ**て考え直す。（戻し）

19 悪事はいつか**アバカ**れる。（暴か）

20 **ウラヤマシイ**くらいに仲の良い夫婦だ。（羨ましい）

21 動物には**イツクシミ**の心をもって接する。（慈しみ）

22 古老に地名の由来を**タズネル**。（尋ねる）

23 引っ越しを明日に**ヒカエル**。（控える）

24 子どもを**アマヤカス**ことなく育てる。（甘やかす）

25 土曜日**モシクハ**日曜日に電話します。（若しくは）

26 父は昨年の暮れに単身で任地に**オモムイ**た。（赴い）

27 昼に働く**カタワラ**、夜間学校にも通っている。（傍ら）

28 次は日本新記録に**イドモ**う。（挑も）

29 生糸を**ツムグ**道具を民俗資料館で見た。（紡ぐ）

30 **アナドリ**難い対戦相手だ。（侮り）

漢字と送りがな 4

●次の――線のカタカナを漢字と送りがな（ひらがな）に直して（　）の中に記せ。

〈例〉問題にコタエル。（答える）

1 平和がオビヤカサれる。（脅かさ）

2 逃走していた犯人が時効直前にツカマッた。（捕まっ）

3 シカラれるのは覚悟の上だ。（叱ら）

4 無能な上司をウトマシク思う。（疎ましく）

5 古い雑誌をひもでシバル。（縛る）

6 たくさんの荷物が通路をフサイでいる。（塞い）

7 策を巡らせ敵をオトシイレル。（陥れる）

8 イチゴの果実はウレルと赤味を帯びてくる。（熟れる）

9 校旗が風にヒルガエル。（翻る）

10 極北の寒さに体がコゴエル。（凍える）

11 景観をソコナウ建物だ。（損なう）

12 できるだけ平静をヨソオウ。（装う）

13 金銭を巡るミニクイ争いが勃発した。（醜い）

14 服のホコロビを丁寧に縫い合わせる。（綻び）

／30

15 抜き足、差し足、**シノビ**足。（忍び）

16 先輩から厳しい注意を受けて心が**ナエル**。（萎える）

17 相手の言葉を**サエギル**。（遮る）

18 会合への出席を**シブル**相手を説得する。（渋る）

19 **ワズラワシイ**手続きがようやく終わった。（煩わしい）

20 いたずらに人の心を**モテアソン**でいる。（弄ん）

21 自分自身の愚かさに**イキドオリ**を覚える。（憤り）

22 **ウヤウヤシク**国賓を迎える。（恭しく）

23 健康でご機嫌も**ウルワシイ**。（麗しい）

24 風邪をひいて喉が**ハレル**。（腫れる）

25 一芸に**ヒイデル**ことは容易ではない。（秀でる）

26 最後まで諦めずに**ネバル**ことが大切だ。（粘る）

27 常に克己心を**ツチカウ**ように心掛ける。（培う）

28 緑のツタが**カラマッ**た喫茶店がある。（絡まっ）

29 度重なる不幸に**ナグサメル**言葉もない。（慰める）

30 岩に当たって波が**クダケル**。（砕ける）

対義語・類義語 1

1 後の□の中の語を**必ず一度**使って**漢字に直し**、**対義語・類義語**を［ ］の中に記せ。

対義語

1 本筋—［脇道］
2 固辞—［快諾］
3 簡潔—［冗長］
4 淑女—［紳士］

類義語

5 奮戦—［敢闘］
6 所詮—［結局］
7 確保—［堅持］
8 是認—［肯定］

かいだく・かんとう・けっきょく
けんじ・こうてい・じょうちょう
しんし・わきみち

2 後の□の中の語を**必ず一度**使って**漢字に直し**、**対義語・類義語**を［ ］の中に記せ。

対義語

1 老巧—［稚拙］
2 絶賛—［酷評］
3 暗鬱—［明朗］
4 獲得—［喪失］

類義語

5 駐留—［滞在］
6 処罰—［懲戒］
7 不意—［唐突］
8 奇怪—［面妖］

こくひょう・そうしつ・たいざい
ちせつ・ちょうかい・とうとつ
めいろう・めんよう

3 後の□の中の語を**必ず一度**使って**漢字に直し、対義語・類義語**を［　］の中に記せ。

対義語

1 停頓―［進展］
2 受理―［却下］
3 名誉―［恥辱］
4 貧乏―［裕福］
5 高遠―［卑近］

類義語

6 工事―［普請］
7 湯船―［浴槽］
8 巣窟―［根城］
9 傾斜―［勾配］
10 容態―［病状］

きゃっか・こうばい・しんてん
ちじょく・ねじろ・ひきん・びょうじょう
ふしん・ゆうふく・よくそう

4 後の□の中の語を**必ず一度**使って**漢字に直し、対義語・類義語**を［　］の中に記せ。

対義語

1 緩慢―［迅速］
2 独創―［模倣］
3 決裂―［妥結］
4 陳腐―［斬新］
5 更生―［堕落］

類義語

6 残念―［遺憾］
7 漂泊―［流浪］
8 光陰―［星霜］
9 不遜―［尊大］
10 疎外―［排斥］

いかん・ざんしん・じんそく
せいそう・そんだい・だけつ
だらく・はいせき・もほう・るろう

対義語・類義語 2

／36

1 後の□の中の語を**必ず一度**使って**漢字に直し、対義語・類義語**を［　］の中に記せ。

対義語

1 販売—［購入］

2 下落—［騰貴］

3 賢明—［愚昧］

4 乱射—［狙撃］

類義語

5 平穏—［安泰］

6 祝福—［慶賀］

7 道徳—［倫理］

8 微妙—［繊細］

あんたい・ぐまい・けいが・こうにゅう
せんさい・そげき・とうき・りんり

2 後の□の中の語を**必ず一度**使って**漢字に直し、対義語・類義語**を［　］の中に記せ。

対義語

1 強壮—［虚弱］

2 任命—［罷免］

3 多弁—［寡黙］

4 回収—［頒布］

類義語

5 手柄—［殊勲］

6 応諾—［承服］

7 参拝—［参詣］

8 明瞭—［判然］

かもく・きょじゃく・さんけい・しゅくん
しょうふく・はんぜん・はんぷ・ひめん

3 後の□の中の語を**必ず一度**使って**漢字に直し、対義語・類義語**を［ ］の中に記せ。

対義語

1 禁欲―［享楽］

2 分割―［一括］

3 厳格―［寛容］

4 貫徹―［挫折］

5 枯渇―［潤沢］

類義語

6 上品―［高尚］

7 余分―［余剰］

8 懸崖―［絶壁］

9 潰走―［敗走］

10 心配―［憂慮］

いっかつ・かんよう・きょうらく
こうしょう・ざせつ・じゅんたく
ぜっぺき・はいそう・ゆうりょ・よじょう

4 後の□の中の語を**必ず一度**使って**漢字に直し、対義語・類義語**を［ ］の中に記せ。

対義語

1 実在―［架空］

2 剝奪―［授与］

3 召還―［派遣］

4 剛健―［柔弱］

5 極端―［中庸］

類義語

6 尊敬―［畏敬］

7 妨害―［阻止］

8 熟知―［通暁］

9 調停―［仲裁］

10 重病―［大患］

いけい・かくう・じゅよ・そし
たいかん・ちゅうさい・ちゅうよう
つうぎょう・にゅうじゃく・はけん

対義語・類義語 3

／36

1 後の□の中の語を**必ず一度**使って**漢字に直し、対義語・類義語**を［　］の中に記せ。

対義語

1 緻密―［粗雑 疎雑］
2 自生―［栽培］
3 暫時―［恒久］
4 栄転―［左遷］

類義語

5 本復―［快癒］
6 危機―［窮地］
7 真剣―［真摯］
8 懐柔―［籠絡］

かいゆ・きゅうち・こうきゅう・さいばい・させん・しんし・そざつ・ろうらく

2 後の□の中の語を**必ず一度**使って**漢字に直し、対義語・類義語**を［　］の中に記せ。

対義語

1 献上―［下賜］
2 切開―［縫合］
3 純白―［漆黒］
4 繁忙―［閑散］

類義語

5 折衝―［交渉］
6 爽涼―［清涼］
7 反逆―［謀反］
8 脅迫―［威嚇］

いかく・かし・かんさん・こうしょう・しっこく・せいりょう・ほうごう・むほん

3 後の□の中の語を**必ず一度**使って**漢字に直し、対義語・類義語**を［　］の中に記せ。

対義語

1 圧勝—［惨敗］
2 凡才—［逸材］
3 事実—［虚構］
4 収縮—［膨張］
5 枯渇—［湧出］

類義語

6 固執—［墨守］
7 根絶—［撲滅］
8 歴然—［顕著］
9 苦慮—［腐心］
10 隠蔽—［隠匿］

いつざい・いんとく・きょこう・けんちょ
ざんぱい・ふしん・ぼうちょう・ぼくしゅ
ぼくめつ・ゆうしゅつ

4 後の□の中の語を**必ず一度**使って**漢字に直し、対義語・類義語**を［　］の中に記せ。

対義語

1 愛好—［嫌悪］
2 進捗—［停滞］
3 謙遜—［横柄 押柄］
4 素人—［玄人］
5 衰退—［隆盛］

類義語

6 受胎—［妊娠］
7 必死—［懸命］
8 傾倒—［心酔］
9 瞬間—［刹那］
10 対価—［報酬］

おうへい・くろうと・けんお・けんめい
しんすい・せつな・ていたい・にんしん
ほうしゅう・りゅうせい

対義語・類義語 4

/36

1 後の□の中の語を**必ず一度**使って**漢字に直し、対義語・類義語**を［　］の中に記せ。

対義語

1 答申―［諮問］
2 直進―［蛇行］
3 勃興―［衰亡］
4 枯淡―［濃艶］

類義語

5 担保―［抵当］
6 親友―［知己］
7 消息―［沙汰］
8 激怒―［憤慨］

さた・しもん・すいぼう・だこう・ちき
ていとう・のうえん・ふんがい

2 後の□の中の語を**必ず一度**使って**漢字に直し、対義語・類義語**を［　］の中に記せ。

対義語

1 真実―［虚偽］
2 凝固―［融解］
3 総合―［分析］
4 個別―［一斉］

類義語

5 償還―［返済］
6 推移―［変遷］
7 進言―［具申］
8 苛政―［暴政］

いっせい・きょぎ・ぐしん・ぶんせき
へんさい・へんせん・ぼうせい・ゆうかい

3 後の□の中の語を**必ず一度**使って**漢字に直し**、**対義語・類義語**を［　］の中に記せ。

対義語

1 払暁―［薄暮］

2 末端―［中枢］

3 粗略―［丁寧］

4 芳香―［悪臭］

5 挿入―［抽出］

類義語

6 混乱―［紛糾］

7 鍛錬―［陶冶］

8 補塡―［補充］

9 阻害―［邪魔］

10 掃討―［駆逐］

あくしゅう・くちく・じゃま・ちゅうしゅつ
ちゅうすう・ていねい・とうや・はくぼ
ふんきゅう・ほじゅう

4 後の□の中の語を**必ず一度**使って**漢字に直し**、**対義語・類義語**を［　］の中に記せ。

対義語

1 美談―［醜聞］

2 絶賛―［罵倒］

3 富裕―［貧窮］

4 仙境―［俗界］

5 蓋然―［必然］

類義語

6 匹敵―［比肩］

7 来歴―［由緒］

8 回復―［治癒］

9 豪傑―［猛者］

10 協調―［諧和］

かいわ・しゅうぶん・ぞっかい・ちゆ
ばとう・ひけん・ひつぜん・ひんきゅう
もさ・ゆいしょ

対義語・類義語 5

/36

1 後の□の中の語を**必ず一度**使って**漢字に直し、対義語・類義語**を［　］の中に記せ。

対義語

1 臆病—［豪胆／剛胆］

2 設置—［撤去］

3 空虚—［充実］

4 祝辞—［弔辞］

類義語

5 翼下—［傘下］

6 扇動—［挑発］

7 一掃—［払拭］

8 永眠—［逝去］

ごうたん・さんか・じゅうじつ
せいきょ・ちょうじ・ちょうはつ
てっきょ・ふっしょく

2 後の□の中の語を**必ず一度**使って**漢字に直し、対義語・類義語**を［　］の中に記せ。

対義語

1 末尾—［冒頭］

2 凡人—［傑物］

3 無欲—［貪欲］

4 国産—［舶来］

類義語

5 死角—［盲点］

6 昼寝—［午睡］

7 工面—［捻出］

8 列挙—［羅列］

けつぶつ・ごすい・どんよく・ねんしゅつ
はくらい・ぼうとう・もうてん・られつ

3 後の□の中の語を**必ず一度**使って**漢字に直し**、**対義語・類義語**を［　］の中に記せ。

対義語

1 危惧―［安心］
2 疎遠―［懇意］
3 分離―［合併］
4 祝賀―［哀悼］
5 蓄積―［消耗］

類義語

6 激励―［鼓舞］
7 粗筋―［梗概］
8 洪水―［氾濫］
9 延期―［猶予］
10 逐電―［出奔］

あいとう・あんしん・がっぺい・こうがい
こぶ・こんい・しゅっぽん・しょうもう
はんらん・ゆうよ

4 後の□の中の語を**必ず一度**使って**漢字に直し**、**対義語・類義語**を［　］の中に記せ。

対義語

1 極楽―［奈落］
2 軽侮―［崇拝］
3 混乱―［秩序］
4 率先―［追随］
5 飽食―［飢餓］

類義語

6 大衆―［庶民］
7 偏屈―［頑固］
8 素直―［純朴］
9 友好―［親睦］
10 面倒―［厄介］

がんこ・きが・じゅんぼく・しょみん
しんぼく・すうはい・ちつじょ
ついずい・ならく・やっかい

四字熟語 1

1 次の（　）の中に入る適切な語を□の中から選び、**漢字に直して四字熟語**を完成せよ。

1 破邪（顕正）
2 勇猛（果敢）
3 巧遅（拙速）
4 （天涯）孤独

5 （冶金）踊躍
6 （虎頭）蛇尾
7 精力（絶倫）
8 新進（気鋭）

かかん・きえい・けんしょう
ことう・せっそく・ぜつりん
てんがい・やきん

2 次の（　）の中に入る適切な語を□の中から選び、**漢字に直して四字熟語**を完成せよ。

1 拍手（喝采）
2 百八（煩悩）
3 大願（成就）
4 （三位）一体

5 （抜山）蓋世
6 （緩急）自在
7 （一騎）当千
8 （堆金）積玉

いっき・かっさい・かんきゅう
さんみ・じょうじゅ・たいきん
ばつざん・ぼんのう

/28

3 次の**四字熟語**にあてはまる意味を□の中から選び、（　）内に記号で答えよ。

1 理路整然（カ）

2 凄凄切切（ウ）

3 冷汗三斗（ア）

4 隠忍自重（イ）

5 面目躍如（オ）

6 衣錦還郷（エ）

ア　恐ろしさなどの度合いが甚だしいこと
イ　じっと耐えて言動を慎むこと
ウ　極めてもの寂しいこと
エ　立身出世してふるさとへ帰ること
オ　その人らしさが生き生きと現れるさま
カ　物事の筋道が通っていること

4 次の**四字熟語**にあてはまる意味を□の中から選び、（　）内に記号で答えよ。

1 意馬心猿（ウ）

2 月下氷人（カ）

3 披星戴月（エ）

4 頓首再拝（イ）

5 大義名分（ア）

6 胆大心小（オ）

ア　行動する上での根拠づけ
イ　頭を下げて恭しく礼をすること
ウ　妄想で心がかき乱されているたとえ
エ　早朝から深夜まで懸命に働くこと
オ　度胸の良さと繊細さを併せ持つこと
カ　男女の縁をとりもつ人

1 次の（　）の中に入る適切な語を□の中から選び、**漢字に直して四字熟語**を完成せよ。

1 抑揚（頓挫）

2 人材（輩出）

3 土木（形骸）

4 （泰然）自若

5 （内疎）外親

6 （妖言）惑衆

7 （一目）瞭然

8 落花（流水）

いちもく・けいがい・たいぜん
とんざ・ないそ・はいしゅつ
ようげん・りゅうすい

2 次の（　）の中に入る適切な語を□の中から選び、**漢字に直して四字熟語**を完成せよ。

1 放歌（高吟）

2 粒粒（辛苦）

3 空中（楼閣）

4 （春宵）一刻

5 （疾風）迅雷

6 （気宇）壮大

7 （教唆）扇動

8 （名誉）毀損

きう・きょうさ・こうぎん
しっぷう・しゅんしょう
しんく・めいよ・ろうかく

3 次の**四字熟語**にあてはまる意味を□の中から選び、（　）内に記号で答えよ。

1 薄暮冥冥（イ）
2 夜郎自大（エ）
3 怨親平等（カ）
4 孤軍奮闘（ウ）
5 清廉潔白（ア）
6 天下御免（オ）

ア　後ろ暗いことが全くないこと
イ　日が落ちる頃の少し暗い様子
ウ　ただ一人で困難に立ち向かうこと
エ　身の程を知らずに威張ること
オ　世間に公認されていること
カ　敵も味方も同じように扱うこと

4 次の**四字熟語**にあてはまる意味を□の中から選び、（　）内に記号で答えよ。

1 金輪奈落（オ）
2 綱紀粛正（ア）
3 平沙万里（カ）
4 比翼連理（ウ）
5 快刀乱麻（イ）
6 不偏不党（エ）

ア　乱れた規律を引き締めること
イ　こじれた物事を手際よく解決すること
ウ　男女の情愛が深く、仲が良いこと
エ　公平・中立の立場をとること
オ　物事の極限のこと
カ　はるかに広がる砂漠のこと

四字熟語 3

1 次の（　）の中に入る適切な語を□の中から選び、**漢字に直して四字熟語**を完成せよ。

1 勧善（懲悪）
2 神出（鬼没）
3 襲名（披露）
4（老若）男女

5（熟読）玩味
6（換骨）奪胎
7 断崖（絶壁）
8 初志（貫徹）

かんこつ・かんてつ・きぼつ
じゅくどく・ぜっぺき・ちょうあく
ひろう・ろうにゃく

2 次の（　）の中に入る適切な語を□の中から選び、**漢字に直して四字熟語**を完成せよ。

1 詩歌（管弦）
2 玉砕（瓦全）
3 和洋（折衷）
4（大喝）一声

5（唯我）独尊
6（呉越）同舟
7（刹那）主義
8（雄心）勃勃

がぜん・かんげん・ごえつ
せつな・せっちゅう・だいかつ
ゆいが・ゆうしん

／28

3 次の**四字熟語**にあてはまる意味を□の中から選び、（　）内に記号で答えよ。

1 意気衝天（ウ）

2 虎尾春氷（イ）

3 順風満帆（ア）

4 森羅万象（オ）

5 千載一遇（エ）

6 羞月閉花（カ）

ア　物事がうまく進むこと
イ　極めて危険なことのたとえ
ウ　この上なく意気込みが盛んな様子
エ　またとない好機
オ　宇宙に存在する全てのもの
カ　容姿の極めて美しい女性のこと

4 次の**四字熟語**にあてはまる意味を□の中から選び、（　）内に記号で答えよ。

1 方底円蓋（イ）

2 自暴自棄（カ）

3 刻苦勉励（エ）

4 一汁一菜（ア）

5 枝葉末節（オ）

6 体貌閑雅（ウ）

ア　質素な食事のこと
イ　物事が食い違って合わないたとえ
ウ　姿かたちが落ち着いて上品な様子
エ　仕事や学業にいそしむこと
オ　本質から外れた重要でない部分
カ　投げやりになること

四字熟語 4

/28

1 次の（　）の中に入る適切な語を□の中から選び、**漢字に直して四字熟語**を完成せよ。

1 一所（懸命）

2 玩物（喪志）

3 低唱（微吟）

4 （東奔）西走

5 （傲岸）不遜

6 （悠悠 悠々）自適

7 堅塞（固塁）

8 気炎（万丈）

けんめい・ごうがん・こるい
そうし・とうほん・ばんじょう
びぎん・ゆうゆう

2 次の（　）の中に入る適切な語を□の中から選び、**漢字に直して四字熟語**を完成せよ。

1 熱願（冷諦）

2 理非（曲直）

3 竜頭（蛇尾）

4 （眉目）秀麗

5 （秋霜）烈日

6 （甘言）蜜語

7 （英俊）豪傑

8 （音吐）朗朗

えいしゅん・おんと・かんげん
きょくちょく・しゅうそう
だび・びもく・れいてい

3 次の**四字熟語**にあてはまる意味を□の中から選び、（　）内に記号で答えよ。

1 煎水作氷（ア）

2 故事来歴（イ）

3 無味乾燥（オ）

4 精進潔斎（ウ）

5 円転滑脱（エ）

6 閑話休題（カ）

ア　全く不可能なこと
イ　古くから伝わる事柄のいわれ
ウ　飲食を慎み、心身を清めること
エ　物事が滞りなく進むこと
オ　おもしろみがないこと
カ　それは、さておき

4 次の**四字熟語**にあてはまる意味を□の中から選び、（　）内に記号で答えよ。

1 羊質虎皮（ウ）

2 一陽来復（ア）

3 安寧秩序（カ）

4 温厚篤実（イ）

5 哀毀骨立（エ）

6 天造草昧（オ）

ア　不運が続いた後、盛運に向かうこと
イ　情があり、まじめなこと
ウ　外見は立派だが中身がないこと
エ　悲しみのあまり痩せ細ること
オ　秩序がなく天下が定まらないこと
カ　平穏で整った状態にあること

四字熟語 5

1 次の（　）の中に入る適切な語を□の中から選び、**漢字に直して四字熟語**を完成せよ。

1 粉骨（砕身）
2 面従（腹背）
3 眺望（絶佳）
4 （妖怪）変化

5 （岡目）八目
6 （禍福）得喪
7 文人（墨客）
8 津津（浦浦 浦々）

うらうら・おかめ・かふく
さいしん・ぜっか・ふくはい
ぼっかく・ようかい

2 次の（　）の中に入る適切な語を□の中から選び、**漢字に直して四字熟語**を完成せよ。

1 正真（正銘）
2 汎愛（兼利）
3 汗牛（充棟）
4 （雲泥）万里

5 （多岐）亡羊
6 （荒唐）無稽
7 （斬新）奇抜
8 （朝令）暮改

うんでい・けんり・こうとう
ざんしん・じゅうとう・しょうめい
たき・ちょうれい

／28

3 次の**四字熟語**にあてはまる意味を□の中から選び、（　）内に記号で答えよ。

1 神采英抜（カ）
2 内憂外患（オ）
3 天衣無縫（ウ）
4 千紫万紅（エ）
5 抜本塞源（イ）
6 夏炉冬扇（ア）

ア　役に立たないもののたとえ
イ　災いの原因を取り除くこと
ウ　飾り気がなく自然であること
エ　様々な花が咲き乱れているさま
オ　あちらこちらで心配事があること
カ　心も姿も人より優れていること

4 次の**四字熟語**にあてはまる意味を□の中から選び、（　）内に記号で答えよ。

1 延命息災（オ）
2 高論卓説（ア）
3 心頭滅却（カ）
4 晴耕雨読（イ）
5 付和雷同（エ）
6 破綻百出（ウ）

ア　他より抜きんでて優れた意見
イ　俗事に煩わされずゆったりと暮らす
ウ　言動などの欠点が次々に出てくること
エ　他人の言動に軽々しく同調すること
オ　無事で長生きすること
カ　雑念を消し去ること

誤字訂正 1

● 次の各文にまちがって使われている**同じ読みの漢字**が**一字**ある。**上の（　）に誤字**を、**下の（　）に正しい漢字**を記せ。

		誤	正
1	大企業による商品販売の寡専化の弊害が目立ち、このたび大幅に規制された。	（専）	（占）
2	多額の借金返済のため秘蔵の書画や大切な盆栽まで十羽一絡げに売り払う。	（羽）	（把）
3	独特な手触りの和紙を用い、伝統的な漆芸の技法を駆使して邪の目傘を作る。	（邪）	（蛇）
4	海外への進出を検討したが会社の経営状況から商早だと判断した。	（商）	（尚）
5	七福神のように敬愛される神もあるが益病神のように嫌悪される神もある。	（益）	（疫）
6	演技はいまだ切劣であるが眉目秀麗で声も良く、俳優としての素質を感じる青年だ。	（切）	（拙）
7	後輩の結婚式で乾杯の相拶と祝辞を頼まれ緊張する。	（相）	（挨）
8	逝去した師匠の言葉を肝に命じて修行に励む。	（命）	（銘）

/18

9 穀物が原料の石油代替燃料の需要が増え、大豆価格の高謄を引き起こしている。
（謄）〔騰〕

10 鬱勃たる闘志を燃やし、公約の実現を目指して実現可能な改革から前次行いたい。
（前）〔漸〕

11 警察は管括区域を定め、各が秩序維持のための重要な任務を担っている。
（括）〔轄〕

12 日本中で辺歴の旅を繰り返した漂泊の詩人として著名だ。
（辺）〔遍〕

13 幼かった娘が終生の伴慮を得て親元から巣立っていくことに寂しさを覚える。
（慮）〔侶〕

14 国際的視野に立ち、人権の侵害に対する監視を強化した人権用護の取り組みを進める。
（用）〔擁〕

15 昨晩鑑賞した映画は、屈強な二人の男が断涯上で死闘を演じる場面が圧巻だった。
（涯）〔崖〕

16 懸案の首脳会談では二国間の融和と円借鑑の実施を軌道に乗せた。
（鑑）〔款〕

17 英語と韓国語を話す彼女は才媛の誉れが高く憧景の的だ。
（景）〔憬〕

18 顎にできた腫揚の摘出手術を受けるために、有給休暇の取得を申請した。
（揚）〔瘍〕

誤字訂正 2

次の各文にまちがって使われている**同じ読みの漢字**が**一字**ある。**上の（　）に誤字**を、**下の（　）に正しい漢字**を記せ。

	問題	誤	正
1	成績の優れた学生に学資の補助として賞学金を貸与する制度がある。	賞	奨
2	既成概念に捉われない斬新なデザインが、服飾業界に一大扇風を巻き起こした。	扇	旋
3	麻薬や覚醒剤などの不正取引および濫用を厳しく取り絞まり、撲滅運動を強化する。	絞	締
4	政治不信が叫ばれている昨今の政界で、彼は潔出した人物との評価が高い。	潔	傑
5	事故当時の状況を分積して原因を明らかにするため調査団を結成した。	積	析
6	映画の主演に選ばれた老優は役者命利に尽きると感慨深げに語った。	命	冥
7	森林浴に出掛けて系流の音や樹木の芳香を満喫した。	系	渓
8	各部屋から見える朝夕の頂望が自慢の老舗旅館だ。	頂	眺

／18

9 川で溺れた少女の命を救った男性に、消防庶長から感謝状が贈呈された。　（庶）（署）

10 階書は隷書から転じたもので、点画を崩さない最も標準的な書き方と言われる。　（階）（楷）

11 繊細な神経と熟練した技術で模様を描く湿器は、気品と重厚さを醸し出す。　（湿）（漆）

12 土壌汚染を防ぐための対策は一刻の裕予も許されない。　（裕）（猶）

13 百貨店の頑具売り場へ行き、親戚の子どもの誕生日に贈る人形を選ぶ。　（頑）（玩）

14 保険の約款を精読してみると中途解約の際には返礼金が出ると記されていた。　（礼）（戻）

15 懐かしい奮囲気が漂う路面電車に乗って、愛媛県は松山を夫婦で周遊した。　（奮）（雰）

16 町の振興策として文化交流の拠点作りが決定したが、運営方法を巡り紛窮した。　（窮）（糾）

17 有名な歌舞岐俳優の襲名披露興行の切符を入手する。　（岐）（伎）

18 敏腕家と評判の人物だったが不祥事を起こして自縮を促され謹慎中である。　（縮）（粛）

誤字訂正 3

●次の各文にまちがって使われている**同じ読みの漢字**が**一字**ある。**上の（　）に誤字**を、**下の（　）に正しい漢字**を記せ。

誤　正

1 ヨーグルトは牛乳に乳酸菌を添加後、温度を一定に保ち発香・凝固させて作る。（香）（酵）

2 該博な知識と熟達した筆致により、読者を憂玄の境地に誘う名著だ。（憂）（幽）

3 廃寺跡から華麗な彩色素像の破片や木簡が出土し、注目を集めている。（素）（塑）

4 観測装置を搭催した宇宙船は地球を周回して数々の実験を終え、大気圏内に突入した。（催）（載）

5 台風の影響で岩焦に乗り上げてしまった貨物船の救助に夜を徹して当たる。（焦）（礁）

6 貿易摩擦を回避するため、輸出入不均拘の是正や海外直接投資を推進する。（拘）（衡）

7 北海道の肥浴な土地から収穫した野菜をもらった。（浴）（沃）

8 好敵手の全く隙の無い完壁な氷上の演技に脱帽する。（壁）（璧）

／18

9 伝染病の朴滅のために貢献し、近代医学の礎石を築いた研究者の顕彰碑が立った。
（朴）（撲）

10 毎日の食事で亜鉛などの必酢栄養素や食物繊維の摂取を心掛ける。
（酢）（須）

11 磁気と電波により体内の状態や病曹の詳細な情報が得られる診断装置を開発した。
（曹）（巣）

12 若者に道を尋ねたところ混切丁寧に説明してくれた。
（混）（懇）

13 婚姻や養子縁組を巡る戸籍欺造事件が頻発したことに対し、再発防止策を講じる。
（欺）（偽）

14 人情の機微に触れる創話を盛り込んだ、伝説的な英雄の物語が人気を博している。
（創）（挿）

15 鎌倉時代に建立された古殺を訪れ、周囲の丘陵に残る歴史の痕跡を満喫した。
（殺）（刹）

16 九州は古くから貿易の玄関口であった影響で、唐津焼きをはじめとする洋業が発展した。
（洋）（窯）

17 宿敵への積年の穏念を晴らす絶好の機会を逃した。
（穏）（怨）

18 伝統的な日本画の美意識に欧米の現代美術の思調を摂取した作品展は好評だった。
（調）（潮）

誤字訂正 4

●次の各文にまちがって使われている**同じ読みの漢字**が**一字**ある。**上の（　）に誤字**を、**下の（　）に正しい漢字**を記せ。

	誤	正
1 静寂な庭に建つ風雅な茶室で、亭主の趣向を懲らしたもてなしを受ける。	（懲）	（凝）
2 成長期で食欲奥盛な息子のために、栄養に偏りのないよう考慮した食事を作る。	（奥）	（旺）
3 運動中に足のつけ根を負傷し、個関節脱臼の疑いがある患者を病院に救急搬送する。	（個）	（股）
4 民衆は、独裁的な権力者からの圧力に億することなく反旗を翻した。	（億）	（臆）
5 立春を境に冬型の気圧配置が徐々に弱まり、日本海側の降雪は小好状態になった。	（好）	（康）
6 干型で拾った珍しい渦巻き模様の貝殻を首飾りにして恋人に贈った。	（型）	（潟）
7 追棟集会は不測の事態に備えて厳戒態勢の中で執り行う。	（棟）	（悼）
8 映画の祭典で監篤は撮影地の人々に熱狂的な歓迎を受けた。	（篤）	（督）

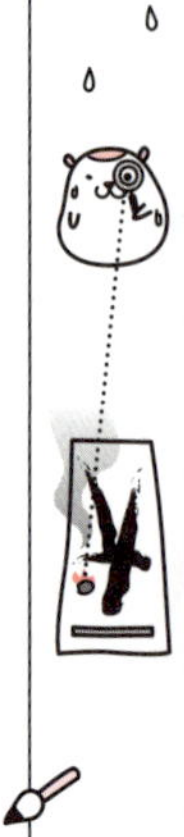

／18

9 伯母が脳硬塞で倒れたという知らせを受け、慌てて病院に駆けつけた。　（硬）〔梗〕

10 本堂の修復落慶を記念し、開祖の霊を慰める薪能が演じられ、観客から感堪の声がもれた。　（堪）〔嘆〕

11 政界と財界の両者が諭着している状態を早急に改革する必要がある。　（諭）〔癒〕

12 準環器専門の医師立ち会いのもと患部の摘出手術を行う。　（準）〔循〕

13 追加予算で認められた惨橋改修工事は軌道に乗り、近く完成する予定だ。　（惨）〔桟〕

14 強豪が集まる大会で優勝し、三年連続で全国制破するという偉業を成し遂げた。　（破）〔覇〕

15 地域で開催する運動会が世代の柿根を越えた交流の架け橋として役立っている。　（柿）〔垣〕

16 湖畔に打ち上げられた大量の魚の死劾は、調査機関によって回収された。　（劾）〔骸〕

17 人材育成に精魂を傾け、近代思想発昇の地となった場所だ。　（昇）〔祥〕

18 西欧の名画を美術館で鑑賞し、その神秘的で枢高なまでの美しさに陶酔した。　（枢）〔崇〕

誤字訂正 5

●次の各文にまちがって使われている**同じ読みの漢字**が**一字**ある。**上の（　）に誤字**を、**下の（　）に正しい漢字**を記せ。

		誤	正
1	景気の悪化に加え無謀な資金繰りが原因で駅前の開発計画は座折した。	座	挫
2	透哲した論理で知られ、日本文学の評論活動を展開した文筆家が死去した。	哲	徹
3	白亜紀の地層から肉食恐竜の四嗣の骨格化石が発掘され、全体像復元の見通しがついた。	嗣	肢
4	逮捕目前だった詐欺集団が突如として失捜し、大規模な検問が実施された。	捜	踪
5	規制寛和を軸にした構造改革と内需中心の経済成長が求められる。	寛	緩
6	瀬戸内の小島に扶任した先生と生徒の間の師弟愛を郷土色豊かに描いた名作だ。	扶	赴
7	酸性雨は建物の腐食や土譲の酸性化などの被害を与える。	譲	壌
8	大規模な祝宴の配善を万事滞りなく行う。	善	膳

／18

9 恒例の巡業で趣向を凝らした舞台や華麗な舞踊を皮露し、観客を魅了した。 （皮）〔披〕

10 両チームの実力が迫仲し、選手の休養も十分なので好試合が予想される。 （迫）〔伯〕

11 委員長は大きく明瞭な声で、長時間続いた議会の斬時休憩を宣言した。 （斬）〔暫〕

12 遠方から来訪した取材記者を頻客として丁重に接待した。 （頻）〔賓〕

13 核兵器や大量破壊兵器の売買を規制する新たな惑組みを提唱した。 （惑）〔枠〕

14 遠く離れた異国の出来事も瞬時に視聴できるテレビ中継の恩恵を共受している。 （共）〔享〕

15 脊椎動物は背骨を持った生物の仲間で、捕乳類や両生類などが含まれている。 （捕）〔哺〕

16 長い年月をかけて、日本画の大家の鑑賞に耐えるだけの自信作を完成させた。 （耐）〔堪〕

17 深山の岩間から流れ落ちる岩清水で乾いた喉を潤す。 （乾）〔渇〕

18 親戚に紹介された耳鼻姻喉科で診察を受け、処方箋を出してもらった。 （姻）〔咽〕

同音・同訓異字 1

●次の——線のカタカナを漢字に直して（　）の中に記せ。

1 ジンゾウは泌尿器の一つだ。（腎臓）

2 天然ではなくジンゾウの大理石を使う。（人造）

3 ハンテン模様の子猫が生まれる。（斑点）

4 パソコンを使って図をハンテンさせる。（反転）

5 審判に危険なプレーをケイコクされた。（警告）

6 深山でケイコク美を堪能する。（渓谷）

7 フホウ侵入者を捕まえた。（不法）

8 フホウを受け葬儀に参列する。（訃報）

9 境内がサンケイ者でにぎわう。（参詣）

10 広島県の厳島《いつくしま》は日本サンケイの一つだ。（三景）

11 政策のコウリョウを改めた。（綱領）

12 コウリョウとした原野が続く。（荒涼）

13 大河に沿ってヒヨクな土地が広がる。（肥沃）

14 夫婦は生涯、ヒヨクの鳥のように添い遂げた。（比翼）

／30

15 株主**ソウカイ**に出席する。（総会）

16 野球で**ソウカイ**な汗を流す。（爽快）

17 ミジンコは**コウカク**類の一種である。（甲殻）

18 **コウカク**泡を飛ばして盛んに議論する。（口角）

19 途中で引き返したのは**ダトウ**な判断だった。（妥当）

20 宿敵を**ダトウ**するための戦略を練る。（打倒）

21 舞楽の**イショウ**を新調した。（衣装）

22 新製品の**イショウ**登録を目下申請中だ。（意匠）

23 夜は警備員が構内の**ジュンシ**を行っている。（巡視）

24 病没した主君に**ジュンシ**する臣下が続出した。（殉死）

25 蚕の**マユ**から生糸を作る。（繭）

26 うわさ話が耳に入り、**マユ**をひそめる。（眉）

27 何より正直を**ムネ**としている。（旨）

28 吉日を選んで新居の**ムネ**上げをした。（棟）

29 豪雨で川の中**ス**が水につかってしまった。（州）

30 ツバメが古**ス**に戻ってきた。（巣）

同音・同訓異字 2

次の――線のカタカナを漢字に直して（　）の中に記せ。

1 今回の措置はジギにかなっていると高く評価された。（時宜）

2 ジギに類する愚かな行為だ。（児戯）

3 父の喜寿に華やかなシュクエンを開く。（祝宴）

4 今度こそ己のシュクエンを晴らしてくれよう。（宿怨）

5 夏季はカイキンシャツで通う。（開襟）

6 カイキン賞の表彰を行う。（皆勤）

7 小銭をサイフに入れる。（財布）

8 土地の古老から昔ながらの紡ぎ歌をサイフする。（採譜）

9 大広間に三十人分のおゼンが調えられた。（膳）

10 ゼン問答のようなかけ合いだ。（禅）

11 富と地位をショウチュウにおさめ、悦に入っている。（掌中）

12 父はショウチュウを毎晩飲む。（焼酎）

13 ユウカイ犯を検挙した。（誘拐）

14 氷はセ氏零度でユウカイする。（融解）

／30

15 カッパは川や沼に住む**ヨウカイ**といわれている。（妖怪）

16 薬品を使って金属の**ヨウカイ**実験を行った。（溶解）

17 車の**ジュウタイ**に巻き込まれてしまった。（渋滞）

18 急いで二列**ジュウタイ**に並びなさい。（縦隊）

19 京都の**メイサツ**を訪れる。（名刹）

20 ご**メイサツ**のとおりです。（明察）

21 交通事故に遭い、脳**ザショウ**を負った。（挫傷）

22 悪天候で船が**ザショウ**する。（座礁）

23 凶作で米価が**トウキ**した。（騰貴）

24 購入した土地の不動産**トウキ**を済ませた。（登記）

25 霊前で友の死を**イタ**む。（悼）

26 夏は生魚の**イタ**みが早いので注意する。（傷）

27 選手一同、気を**シ**めて二回戦に臨みます。（締）

28 投票の結果、反対が大多数を**シ**めた。（占）

29 細かい工夫を**コ**らした独創的な作品だ。（凝）

30 いたずらっ子を**コ**らしめる。（懲）

同音・同訓異字 3

/30

● 次の——線の**カタカナ**を**漢字**に直して（ ）の中に記せ。

1 学歴のサショウが判明した。（詐称）

2 入国の際にサショウの必要な国がある。（査証）

3 国は貯蓄を大いにカンショウしている。（勧奨）

4 南洋上の島々にはカンショウが多い。（環礁）

5 電波ショウガイの原因を調べる。（障害）

6 商社でショウガイ係を担当する。（渉外）

7 北部ではタイカン性の高い植物が多い。（耐寒）

8 新しい皇帝のタイカン式を行う。（戴冠）

9 奈良などキナイの史跡を巡る。（畿内）

10 乗務員がキナイ放送を行う。（機内）

11 コウバイの急な坂を上る。（勾配）

12 景気回復と消費者のコウバイ力上昇を目指す。（購買）

13 猫のドウコウは暗い場所で大きくなる。（瞳孔）

14 株式市場のドウコウを注視する。（動向）

15 事務用品の減価ショウキャクをする。（償却）

16 ごみのショウキャク処分場の建設が始まる。（焼却）

17 最後の試合で実力をイカンなく発揮した。（遺憾）

18 県からイカンされた仕事だ。（移管）

19 リョウシュウとして指導力を発揮する。（領袖）

20 お客にリョウシュウ書を渡す。（領収）

21 新しい計画の実現にフシンしている。（腐心）

22 母屋をフシンするつもりだ。（普請）

23 ピアノが奏でる美しいセンリツに酔いしれる。（旋律）

24 凶悪犯罪の増加にセンリツを覚える。（戦慄）

25 最近どこもワズラうことがなく快調だ。（患）

26 ワズラわしい仕事も進んで引き受ける。（煩）

27 口笛をフいて犬を呼ぶ。（吹）

28 新しいモップを使って教室の床をフく。（拭）

29 アイ色の布で袋を縫う。（藍）

30 アイを込めて歌を歌う。（愛）

同音・同訓異字 4

次の——線のカタカナを漢字に直して（　）の中に記せ。

1 秘書をタイドウして出掛ける。（帯同）

2 新時代のタイドウを感じる。（胎動）

3 最初の失敗で意気ソソウしてしまった。（阻喪）

4 お客様にソソウのないように願います。（粗相）

5 人生の意味をシサクする。（思索）

6 政府は本年度中にシサクを講じます。（施策）

7 大きなセンパクが港に停泊している。（船舶）

8 センパクな知識では論破できない相手だ。（浅薄）

9 人生をテイカンするに至らない。（諦観）

10 会社のテイカンを作成する。（定款）

11 口頭でホソク説明をする。（補足）

12 彼の本心はホソクしがたい。（捕捉）

13 連絡をミツに取り合う。（密）

14 メジロが梅の花のミツを吸っている。（蜜）

／30

15 紛争はしばらくショウコウ状態である。（小康）

16 風邪以外のショウコウは見られない。（症候）

17 セイサンな事故が起きて心を痛める。（凄惨）

18 過去の過ちをセイサンしたい。（清算）

19 知人のキュウセイの悲報に接し驚く。（急逝）

20 同窓会ではキュウセイで呼び合っている。（旧姓）

21 キトク権を奪う内容だ。（既得）

22 幸いキトク状態を脱した。（危篤）

23 「ふなべり」のことを、ゲンソクという。（舷側）

24 雪道では十分ゲンソクして運転する。（減速）

25 勝ってかぶとのオを締めよ。（緒）

26 オたけびを上げながら敵の城に攻め入る。（雄）

27 ハきだめに鶴。（掃）

28 雪でぬれた靴下をハき替えた。（履）

29 民家に男が立てコもる事件が発生した。（籠）

30 県が主催する駅伝大会に出場を申しコむ。（込）

同音・同訓異字 5

/30

次の――線のカタカナを漢字に直して（　）の中に記せ。

1 牧場の周囲にサクを巡らせる。（柵）

2 多くのサクを弄する必要はない。（策）

3 猫は四肢の裏側にカンセンがあるそうだ。（汗腺）

4 インフルエンザにカンセンし、学校を休んだ。（感染）

5 全力シッソウして一位でゴールインした。（疾走）

6 警察にシッソウ届を出す。（失踪）

7 軍港にカンテイが入港した。（艦艇）

8 総理カンテイで会議が行われた。（官邸）

9 試合に負けそうなチームを見るとカセイしたくなる。（加勢）

10 君主のカセイに耐えかねた人民が逃亡する。（苛政）

11 電子メールに画像とファイルをテンプして送信する。（添付／添附）

12 テンプの才能に恵まれた人だ。（天賦）

13 カイコンの念が胸を焦がす。（悔恨）

14 荒れ地をカイコンする。（開墾）

15 席を外している間にかけそばのメンが伸びてしまった。（麺）

16 上等なメン織物を仕入れる。（綿）

17 このたび大企業のサンカに入ることになった。（傘下）

18 ハリケーンのサンカを目のあたりにした。（惨禍）

19 私の髪質は祖父からのカクセイ遺伝によるものらしい。（隔世）

20 全身麻酔からカクセイした。（覚醒）

21 収支のキンコウを保つ。（均衡）

22 東京キンコウに居を構えたいと思っている。（近郊）

23 わらと草を積み重ねてタイヒにする。（堆肥）

24 空襲警報を合図にタイヒする。（退避）

25 各地の米所で稲のカり入れが始まった。（刈）

26 不安にカられて勉強に身が入らない。（駆）

27 屋根裏で大きなハチの巣を見つけた。（蜂）

28 ハチ植えの植物を育てる。（鉢）

29 転んで肘をスってしまった。（擦）

30 スり上がったばかりの号外が配られた。（刷）

同音・同訓異字 6

/30

●次の——線のカタカナを漢字に直して（　）の中に記せ。

1 犯人の身柄をコウソクする。（拘束）

2 脳コウソクは、脳の血管が詰まって起こる。（梗塞）

3 十二指腸カイヨウと診断された。（潰瘍）

4 日本や英国はカイヨウ国といわれている。（海洋）

5 コウトウに炎症ができたので病院に行く。（喉頭）

6 麦の価格がコウトウする。（高騰）

7 経済セイサイを加えることもありうる。（制裁）

8 セイサイに書き記した第一級の紀行文です。（精細）

9 監督がサイハイを振る。（采配）

10 手紙の結びにサイハイと書く。（再拝）

11 シンシと淑女がワルツを踊っている。（紳士）

12 忠告をシンシに受け止める。（真摯）

13 仕事のイッタンを担う。（一端）

14 試合をイッタン中断する。（一旦）

15 メイカイとは死者の魂が行く場所のことだ。（冥界）

16 質問に単純メイカイに答える。（明快）

17 国民の権利を安易にホウキすべきではない。（放棄）

18 長きにわたる主君の圧政に対して民衆がホウキした。（蜂起）

19 老いた両親をフヨウしている。（扶養）

20 景気をフヨウする政策が講じられた。（浮揚）

21 あの人の振る舞いにはどことなくキヒンがある。（気品）

22 競技場にキヒン席を設ける。（貴賓）

23 新しく買ってきたモを金魚鉢に入れる。（藻）

24 モに服しているので年賀を遠慮した。（喪）

25 青銅で鐘をイる。（鋳）

26 本人確認のため証明書がイる。（要）

27 歯茎がハれる。（腫）

28 証言により情報流出の疑いがハれる。（晴）

29 花壇からラベンダーのカがほのかに漂ってくる。（香）

30 カの鳴くような小さな声で話し掛けられた。（蚊）

漢字の書き取り

1

●次の――線のカタカナを漢字に直して（　）の中に記せ。

1 色々な問題をホウカツして協議したい。（包括）

2 苦労して集めた史料がサンイツしてしまった。（散逸）

3 本物にコクジした偽の商品が出回る。（酷似）

4 履歴書に写真をチョウフして提出する。（貼付・貼附）

5 組織のスウヨウな地位にある。（枢要）

6 アイガンを目的として魚を飼う。（愛玩）

7 妹は探究心がオウセイだ。（旺盛）

8 上役にツイショウするのが上手な男だ。（追従）

9 新しい国家がボッコウする。（勃興）

10 いつも冗談を言うユカイな人だ。（愉快）

11 イチマツの不安が残る。（一抹）

12 秋の園遊会に琴の音がフゼイを添える。（風情）

13 諸国アンギャを思いつく。（行脚）

／25

14 **シブガキ**を串に刺して軒下につるす。（渋柿）

15 母は夕方**ゴロ**には帰宅する予定です。（頃）

16 猫には柱や壁で**ツメ**を研ぐ習性がある。（爪）

17 祖母は毎週土曜日に**ウタイ**の稽古に通っている。（謡）

18 沖の波間に**マタタ**くいさり火が幻想的だ。（瞬）

19 誤報について紙面を**サ**いて陳謝の意を述べる。（割）

20 美観を**ソコ**ねる建造物にクレームが殺到した。（損）

21 梅のつぼみに春の**キザ**しがうかがわれる。（兆）

22 性**コ**りもなく同じ間違いを繰り返すな。（懲）

23 リンパ**セン**の炎症を抑える薬を服用する。（腺）

24 多くの野鳥の群れが**ヒガタ**に集まっている。（干潟）

25 料理中に**ナベ**の底を焦がしてしまった。（鍋）

漢字の書き取り 2

/25

●次の――線のカタカナを漢字に直して（　）の中に記せ。

1 騒動のカチュウの人物が緊急記者会見を開いた。（渦中）

2 地下からユウシュツした天然温泉を使った露天風呂だ。（湧出）

3 どう判断するかは個人のシイに委ねる。（恣意）

4 ズキンと見せて頰かぶり。（頭巾）

5 社内のハバツ争いに巻き込まれてしまった。（派閥）

6 トチギ県の那須高原を訪れた。（栃木）

7 この服はカッショクの肌によく似合う。（褐色）

8 新カクリョウの氏名を発表する。（閣僚）

9 自由ホンポウな生活を送る。（奔放）

10 海外のタンテイ小説を読む。（探偵）

11 体がシンまで冷えている。（芯）

12 柔道のオウギを極める。（奥義 奥儀）

13 博物館で江戸時代に描かれた貴重なニシキエを見る。（錦絵）

14 従来のシステムでは情報が漏れる**オソレ**がある。（虞）

15 炎天下で農作業をしたので喉が**カワ**いた。（渇）

16 民俗学の**イシズエ**を築いた彼の功績は大きい。（礎）

17 祖母の家で**イシウス**を使ってきな粉を作る。（石臼）

18 遺言に従って海の見える墓地に**ホウム**る。（葬）

19 **アセ**らずに落ち着いてゆっくり登ろう。（焦）

20 なるほど昔の家は太い**ムナギ**を使っている。（棟木）

21 寒い朝は寝過ごして**アワ**てることが多い。（慌）

22 男性の一人称には「僕」や「**オレ**」などがある。（俺）

23 **ツル**を離れた矢は、見事に的に命中した。（弦）

24 怒られるとすぐ**フク**れっ面をするのは悪い癖だ。（膨）

25 一瞬目を離した**スキ**に財布を盗まれた。（隙）

漢字の書き取り 3

/25

●次の——線のカタカナを漢字に直して（　）の中に記せ。

1 ケンジュウの密輸事件を捜査している。（拳銃）

2 短いが非常にジミに富んだ文章である。（滋味）

3 相互フジョの精神が大切だ。（扶助）

4 恐ろしい風土病のバイタイとなる生物が発見された。（媒体）

5 新入社員を代表してアイサツをすることになった。（挨拶）

6 ハイカイは日本の文芸として親しまれる。（俳諧）

7 万事イロウのないよう努める。（遺漏）

8 憲法ヨウゴ運動が高まる。（擁護）

9 大手銀行の経営ハタンを報じる。（破綻）

10 実力がハクチュウした二人だ。（伯仲）

11 ケイダイに縁日の露店が並ぶ。（境内）

12 日本とカンコクがサッカーで対戦する。（韓国）

13 問題のカクシンを突く意見だ。（核心）

14 真夏に冷たい麦茶を飲んで**ノド**を潤す。（喉）

15 怪しい話なので眉に**ツバ**をつけて聞く。（唾）

16 **サワ**やかな香りの炭酸飲料を好んでいる。（爽）

17 鉛筆をナイフで上手に**ケズ**ることができた。（削）

18 花見の席で抹茶と**クシ**団子が振る舞われた。（串）

19 その海では巨大な**ウズシオ**を見ることができる。（渦潮）

20 この会社の**モトイ**は、前社長が築いた。（基）

21 値上げをせずに従来通りに価格を**ス**え置く。（据）

22 母は寝るとき、**マクラモト**に眼鏡を置いている。（枕元）

23 まるで重箱の**スミ**をつつくような指摘だ。（隅）

24 油彩で**カゴ**いっぱいの果物を描いている。（籠）

25 選手は**クチビル**をかんで悔しがっていた。（唇）

漢字の書き取り 4

●次の——線の**カタカナ**を**漢字**に直して（　）の中に記せ。

1 先輩には何かと**ベンギ**を図ってもらった。（便宜）

2 問い詰めたが**アイマイ**な答えしか得られなかった。（曖昧）

3 国際化の波が生活に**ヘンボウ**をもたらした。（変貌）

4 漢詩の**ギンエイ**が得意です。（吟詠）

5 多額の**ワイロ**を受け取った官僚が逮捕された。（賄賂）

6 費用を予算から**ネンシュツ**する。（捻出）

7 西国の**モウコ**として恐れられる。（猛虎）

8 **コクウ**をつかんで倒れた。（虚空）

9 知恵の**ゴンゲ**といわれる僧だ。（権化）

10 **コウズイ**警報が解除された。（洪水）

11 寺で**ダンジキ**修行に入る。（断食）

12 結婚して間もない頃を**ミツゲツ**という。（蜜月）

13 長年虐げられたことに対して強い**エンコン**を持つ。（怨恨）

/25

14 **イオウ**を含む温泉には多少臭気がある。（硫黄）

15 あの二人は固く将来を**チギ**った間柄だ。（契）

16 城下町の大火にも、幸い寺の類焼は**マヌカ**れた。（免）

17 ともにロッククライミングをする仲間を**ツノ**る。（募）

18 隣の人の釣り糸と**カラ**まってしまった。（絡）

19 彼の行動を見ていると勇気が**ワ**いてくる。（湧）

20 **トコナツ**の国では一年中花が咲いている。（常夏）

21 春の**アラシ**が、満開の桜の花びらを散らした。（嵐）

22 罪人が王の前にひざまずき、命**ゴ**いをする。（乞）

23 昔の記憶が**ソウマトウ**のように駆け巡った。（走馬灯）

24 日本全国から取り寄せた地酒の一升**ビン**が並ぶ。（瓶）

25 地方都市で**ニセサツ**が連続して発見された。（偽札）

漢字の書き取り 5

●次の——線の**カタカナ**を**漢字**に直して（　）の中に記せ。

1 昔懐かしい風景に**キョウシュウ**を感じる。（郷愁）

2 他人に**ゴウモン**を加えることは許されない。（拷問）

3 **ラチ**された被害者が無事解放されたそうだ。（拉致）

4 感動の**ヨイン**に浸る。（余韻）

5 先生の講義で興味深い**シサ**が与えられた。（示唆）

6 **ジュキョウ**は中国で生まれた。（儒教）

7 **ギフ**県の夏の風物詩の一つとして鵜《う》飼《か》いがある。（岐阜）

8 正月にお**セチ**料理を振る舞う。（節）

9 組織内に**キレツ**が生じる。（亀裂）

10 **キンキ**地方に台風が接近する。（近畿）

11 古代の**セッカン**が出土した。（石棺）

12 彼女のような**サイエン**はなかなかいない。（才媛）

13 パンに**ハチミツ**を塗る。（蜂蜜）

／25

14 交差点で交通事故に遭い、**アゴ**の骨を折った。　（顎）

15 のどかな暮春の風景を見ていると**ナゴ**む。　（和）

16 弟は**ドンブリメシ**を二回もおかわりする。　（丼飯）

17 フランスで菓子職人としての腕を**ミガ**いてきた。　（磨）

18 苦労しただけあって彼は機転の**キ**く人だ。　（利）

19 兄は**モッパ**ら家で絵を描いてばかりいる。　（専）

20 社長のご臨席を**タマワ**り感謝いたします。　（賜）

21 彼の卑劣な**クワダ**てを事前に突き止めた。　（企）

22 対談は互いに差し**サワ**りのない話題に終始した。　（障）

23 お気に入りの**イス**に腰掛けて読書を楽しむ。　（椅子）

24 後輩のやる気が**ナ**えるような指導を改める。　（萎）

25 古くなった**ハシゲタ**の取り替え工事をする。　（橋桁）

漢字の書き取り 6

／25

●次の――線のカタカナを漢字に直して（　）の中に記せ。

1 冬の間だけ、ホテルの宴会場でハイゼン係をしている。（配膳）

2 内ブンピツに異状がないか病院で検査する。（分泌）

3 不正をケンオする正義漢だ。（嫌悪）

4 寒い日が続いて麦のシュッスイが遅れた。（出穂）

5 姉は耳鼻インコウ科の専門医をしている。（咽喉）

6 この薬にはゲネツ作用がある。（解熱）

7 交通事故がヒンパツしている。（頻発）

8 自動販売機でカンコーヒーを購入した。（缶）

9 海底ケーブルのフセツ工事に従事している。（敷設 布設）

10 持病のヨウツウに悩まされる。（腰痛）

11 ミコトノリを賜る。（詔）

12 カヘイの価値が下がる。（貨幣）

13 刀カジが熱い鉄を打っている。（鍛冶）

14 ついに手にした**ハ**えある勝利を共に喜ぶ。（栄）

15 石で**カマ**を研いでから、庭の草刈りを始める。（鎌）

16 戦いに加わらず、**ホラ**が峠をきめ込んでいる。（洞）

17 **ヤマナシ**県ではブドウや桃の栽培が盛んだ。（山梨）

18 かっとなって**オノレ**を見失ってしまった。（己）

19 易しい問題だと**アナド**ってはならない。（侮）

20 経営方針は会長の**ツル**の一声で決まった。（鶴）

21 周囲からの何気ない親切が身に**シ**みる。（染）

22 微風を受けて**ノキ**の風鈴が美しい音色を奏でる。（軒）

23 暗闇で車の**カギアナ**がよく見えなかった。（鍵穴）

24 万国旗が雲一つない五月の青空に**ヒルガエ**っている。（翻）

25 夕立の後、青空に大きな**ニジ**が架かった。（虹）

漢字の書き取り 7

/25

●次の――線のカタカナを漢字に直して（　）の中に記せ。

1 会議中の私語はゴハットになっている。（御法度）

2 シセイの人々の日常を淡々と描いた作品だ。（市井）

3 ガンタンに一年の計を立てる。（元旦）

4 弁当とスイトウをリュックに詰め込む。（水筒）

5 寺の本堂でソウリョが一心不乱に読経している。（僧侶）

6 手伝った孫にダチンを与える。（駄賃）

7 若者らしいハキに満ちている。（覇気）

8 氏名はカイショ体で欄内にご記入ください。（楷書）

9 急いでゲドク剤を服用する。（解毒）

10 鬼のいぬ間にセンタク。（洗濯）

11 物見ユサンの旅に出る。（遊山）

12 謹んでごメイフクをお祈り申し上げます。（冥福）

13 古風でテイシュクな女性だ。（貞淑）

14 強大な敵を前にシッポを巻いて逃げてきた。（尻尾）

15 暑くなってきたのでハンソデに着替える。（半袖）

16 鳥居の向こうにコウゴウしい社殿が見える。（神神 神々）

17 入学のヒッス条件を満たし、ほっとする。（必須）

18 守るに易く攻めるにカタい理想的な城だ。（難）

19 謎が多く、トラえどころのない人物だ。（捉）

20 思わぬ大役をオオせつかり、緊張しています。（仰）

21 ツバメのひなのウブゲが生え替わってきた。（産毛）

22 牧場で愛馬のハナヅラを優しくなでてやる。（鼻面）

23 クラヤミの中に、一筋の光が差し込んだ。（暗闇）

24 夕暮れは早く、ヒサメまで降ってきた。（氷雨）

25 ダレでも良いので手を貸してください。（誰）

漢字の書き取り 8

次の——線の**カタカナ**を**漢字**に直して（　）の中に記せ。

1 高級**リョウテイ**でフグをごちそうになる。（料亭）

2 **ハンシン**間には大きな工業地帯が広がっている。（阪神）

3 実験に**サクサン**を使用する。（酢酸）

4 **マンゲキョウ**の中の模様が輝いている。（万華鏡）

5 素晴らしい演奏に拍手**カッサイ**がわき起こる。（喝采）

6 晴耕雨読の生活に**ショウケイ**している。（憧憬）

7 敵に**イッシ**報いることができた。（一矢）

8 **ドタンバ**で真価を発揮する。（土壇場）

9 球根を**シュビョウ**店で買う。（種苗）

10 **シャフツ**消毒した哺乳瓶にミルクを入れる。（煮沸）

11 **ミゾウ**の危機を乗り切る。（未曽有）

12 **フロバ**で熱いシャワーを浴びる。（風呂場）

13 企業を相手に**ソショウ**を起こす。（訴訟）

／25

14 **クジラ**の親子が潮を吹いて泳いでいる。（鯨）

15 そんなに緊張して**カタヒジ**張る必要はない。（肩肘）

16 **マユゲ**の形が父に似ていると言われた。（眉毛）

17 公衆道徳の欠如に**イキドオ**りを覚えた。（憤）

18 単なる**アヤマ**ちでは許されないことだ。（過）

19 「**シカ**をおう猟師は山を見ず」ということわざがある。（鹿）

20 自分勝手なのでいつも周囲から**ウト**まれている。（疎）

21 湯上がりで、足の先まで**ホテ**っている。（火照）

22 使わない農機具は**ナヤ**にしまってあります。（納屋）

23 父は毎年、祭りで**カグラ**を舞っている。（神楽）

24 急に走ったので**ワキバラ**が痛くなった。（脇腹）

25 **クロウト**はだしの魚のさばき方に感心する。（玄人）

漢字の書き取り 9

／25

次の——線の**カタカナ**を**漢字**に直して（　）の中に記せ。

1 **カレツ**な戦いを繰り広げる。（苛烈）

2 彼は国際事情に**ツウギョウ**しています。（通暁）

3 上司から容赦ない**シッセキ**を受けて落ち込む。（叱責）

4 先月までの各支店の売り上げを**ルイケイ**する。（累計）

5 友に注意するも、取るに足らないと**イッシュウ**された。（一蹴）

6 辞書の**ハンレイ**をご覧ください。（凡例）

7 この噴水の水は**ジュンカン**しているようだ。（循環）

8 **コウシ**戸のある古風な家だ。（格子）

9 金の**モウジャ**にはなりたくない。（亡者）

10 心地よい**クンプウ**に誘われる。（薫風）

11 **セイゼツ**な争いを繰り広げる。（凄絶）

12 **ダンガイ**絶壁がそそり立つ。（断崖）

13 **クオン**の昔から自然の恵みを受けてきた。（久遠）

14 神の住む山として霊山に**イフ**の念を抱いている。（畏怖）

15 昔から**ヨイゴ**しの金を持たない気性の人だ。（宵越）

16 **ツヤ**のある女性の声がラジオから流れる。（艶）

17 最近はとんと**カヤ**を利用しなくなった。（蚊帳 蚊屋）

18 姉夫婦の家に**イソウロウ**することになった。（居候）

19 きっと誰かに**ソソノカ**されたに違いない。（唆）

20 兄は**マタガミ**の浅いズボンを履いている。（股上）

21 彼女は考え事をするとき髪の毛を触る**クセ**がある。（癖）

22 突然鳴り響いた雷に思わず**キモ**を冷やした。（肝）

23 浜辺に立つと**ウラカゼ**が肌に心地よい。（浦風）

24 他人の**シリ**拭いをさせられ、腹を立てる。（尻）

25 野生の動物はなかなか人に**ナツ**かない。（懐）

漢字の書き取り

10

●次の――線の**カタカナ**を**漢字**に直して（　）の中に記せ。

1 友だちから**カブキ**の鑑賞会に誘われた。（歌舞伎）

2 高齢者を狙う**サギ**商法が横行している。（詐欺）

3 住民の協力により**セットウ**の常習犯が捕まった。（窃盗）

4 遺体を**カイボウ**に付する。（解剖）

5 師の**イハツ**を継いで日夜精進している。（衣鉢）

6 **ソボク**な疑問を大切にしたい。（素朴）

7 力の差が**ニョジツ**に現れた。（如実）

8 事件現場で**ケッコン**を採取する。（血痕）

9 昔から服装に**ムトンチャク**だ。（無頓着）

10 高原の**セイチョウ**な空気を吸う。（清澄）

11 **タイセキ**岩から地質の変遷を調査する。（堆積）

12 商家の後継ぎとして若**ダンナ**と呼ばれている。（旦那）

13 **オカヤマ**県産の桃をいただいた。（岡山）

/25

14 **タツマキ**の影響で農作物が大きな被害を受けた。（竜巻）

15 公園の池には大きな**カメ**が住んでいる。（亀）

16 **ワキヅクエ**の上にコーヒーカップを置く。（脇机）

17 夜がしんしんと**フ**けて随分寒くなってきた。（更）

18 厳かな雰囲気の神殿に**ノリト**の声が響き渡る。（祝詞）

19 ごちそうに思わず**シタツヅミ**を打った。（舌鼓）

20 いまだ経験不足であることは、**イナ**めない。（否）

21 博物館で**ヤヨイ**時代の土器を展示している。（弥生）

22 ふいに女優の**ホオ**を一筋の涙が伝った。（頬）〔頰〕

23 慌てず**タダ**し書きもよく読んでください。（但）

24 将棋で用いる**コマ**の一つに王将がある。（駒）

25 田舎ではそろそろ**ホタル**が飛び交う頃だ。（蛍）

総まとめ

第1回

（一） 次の――線の**読み**を**ひらがな**で記せ。 (30) 1×30

1 猟銃の不法所持を取り締まる。

2 拉致事件の早期解決を祈る。

3 容器を煮沸して滅菌する。

4 理想と現実の間で葛藤する。

5 突然、殴打されて気を失った。

6 強豪校を一蹴して決勝に進む。

7 官吏の登用試験を受けた。

8 所詮、猿知恵に過ぎない。

9 比喩的な表現の多い文章だ。

10 全国を行脚する僧に出会った。

11 この彫刻は象牙でできている。

12 誘拐計画は未遂に終わった。

13 胃液の分泌作用について調べる。

14 態度が傲慢だと指摘された。

15 凄絶な争いが繰り広げられた。

16 政府の失政を弾劾する。

17 政治家が賄賂の授受を否定した。

18 甲乙つけ難い出来に驚く。

19 網膜剥離の危険がある。

/200

20 軒先を借りて雨宿りをする。（　　）

21 権力闘争の餌食になる。（　　）

22 国王から恩賞を賜った。（　　）

23 暁の空に明星が輝く。（　　）

24 数寄屋造りの離れを建てた。（　　）

25 郷土に新しい産業を興す。（　　）

26 弱気になった友を励ます。（　　）

27 祖父は顎ひげを伸ばしている。（　　）

28 手の届かない価の高級肉だ。（　　）

29 小唄が特技とは粋な人物だ。（　　）

30 雨あがりで土が軟らかい。（　　）

(二) 次の漢字の**部首**を記せ。

〈例〉菜（艹）　間（門）

(10) 1×10

1 涯（　）

2 婿（　）

3 拳（　）

4 寡（　）

5 艦（　）

6 羨（　）

7 昆（　）

8 賊（　）

9 帥（　）

10 璧（　）

(三)

熟語の構成のしかたには次のようなものがある。

(20) 2×10

ア　同じようなな意味の漢字を重ねたもの　（**岩石**）
イ　反対または対応の意味を表す字を重ねたもの　（**高低**）
ウ　上の字が下の字を修飾しているもの　（**洋画**）
エ　下の字が上の字の目的語・補語になっているもの　（**着席**）
オ　上の字が下の字の意味を打ち消しているもの　（**非常**）

次の**熟語**は上の**ア～オ**のどれにあたるか、**一つ**選び、**記号**を（　）の中に記せ。

1　納涼　（　）
2　開拓　（　）
3　石棺　（　）
4　毀誉　（　）
5　無粋　（　）

6　頒価　（　）
7　逸脱　（　）
8　恭賀　（　）
9　長幼　（　）
10　補佐　（　）

(四) 次の**四字熟語**について、**問1**と**問2**に答えよ。 (30)

問1 次の**四字熟語**の（1～10）に入る適切な語を後の□の中から選び、**漢字二字**で記せ。 (20) 2×10

ア（1）実直
イ（2）必衰
ウ（3）玉条
エ（4）諾諾
オ（5）同舟

カ 吟風（6）
キ 綱紀（7）
ク 多岐（8）
ケ 情状（9）
コ 換骨（10）

いい・きんか・きんげん・ごえつ
しゃくりょう・しゅくせい・じょうしゃ
だったい・ぼうよう・ろうげつ

問2 次の**11～15**の**意味**にあてはまるものを**問1**の**ア～コ**の**四字熟語**から**一つ**選び、**記号**を（ ）に記せ。 (10) 2×5

11 仲の良くない者が一緒にいること（ ）

12 詩人が自然の景色を題材に即興詩を作ること（ ）

13 選択肢がありすぎて迷うこと（ ）

14 一番大切なきまりや法律（ ）

15 古人の作に基づいて独自のものを生み出すこと（ ）

(五) 次の**1～5**の**対義語**、**6～10**の**類義語**を後の□の中から選び、**漢字**で記せ。□の中の語は一度だけ使うこと。 (20) 2×10

対義語

1 進呈（　　）
2 尊宅（　　）
3 充足（　　）
4 汚濁（　　）
5 尊敬（　　）

類義語

6 順次（　　）
7 怨恨（　　）
8 変遷（　　）
9 他界（　　）
10 困苦（　　）

いしゅ・えんかく・けいぶ・けつぼう
しんさん・せいきょ・せいちょう
せったく・ちくじ・ちょうだい

(六) 次の――線の**カタカナ**を**漢字**に直せ。 (20) 2×10

1 何事にも**シンシ**に取り組むことを誓う。（　　）

2 兄はデパートの**シンシ**服売り場で働いている。（　　）

3 薬局で**ジョウザイ**と粉薬が処方された。（　　）

4 社殿再建に各地から**ジョウザイ**が寄せられた。（　　）

5 **コウテツ**を使って丈夫な橋を建設する。（　　）

6 業績不振のため役員が**コウテツ**された。（　　）

7 **センサイ**からすばやく復興した都市だ。（　　）

8 **センサイ**な感覚で描かれた美しい絵だ。（　　）

9 長年の異国暮らしで日本語の活字に**ウ**える。（　　）

10 一人娘の誕生記念樹として庭にキンモクセイを**ウ**える。（　　）

(七) 次の各文にまちがって使われている**同じ読みの漢字**が**一字**ある。**上の（　）に誤字**を、**下の（　）に正しい漢字**を記せ。 (10) 2×5

1 評論家によると某銀行の経営破綻を招いた原因の一つに、経営責任の所在の愛昧さがあるという。

誤（　　）正（　　）

2 新商品で使う希少性の高い材料の代用として、先端技術を苦使して開発された素材を取り寄せた。

誤（　　）正（　　）

3 このたび外資系の企業二社が製品の共同開発を柱とする抱括的な提携関係を結んだと報道された。

誤（　　）正〔　　〕

4 人情の機備に触れる話を織り込みながら、江戸庶民の生活を丹念に描いた小説が好評だ。

誤（　　）正〔　　〕

5 全権大使が調印した条約を内閣が国会の承認を得て批順し、条約締結の最終的確認が完了した。

誤（　　）正〔　　〕

(八) 次の——線の**カタカナ**を**漢字一字と送りがな(ひらがな)**に直せ。 (10) 2×5

1 胸がツブレル思いだ。（　　）

2 予想をクツガエス結果が出た。（　　）

3 イツワラない心情を述べる。（　　）

4 ナメラカナ口調で話す。（　　）

5 甘い誘惑で相手をソソノカス。（　　）

(九) 次の――線のカタカナを漢字に直せ。

(50) 2×25

1 木製の小さいイスに座る。
2 交渉相手からゲンチを取る。
3 体力を激しくショウモウする。
4 コアラはユウタイルイに属する。
5 頑丈なヨウサイを築く。
6 階段から落ちて足をネンザする。
7 彼はフウキな家で育った。
8 大使が国王にエッケンした。
9 違約した理由をキツモンする。
10 ドウクツの中は夏でも涼しい。
11 高等裁判所にコウソした。
12 新しいスイハン器を購入した。
13 スソのほつれを縫い合わせる。
14 事件のカギを握る人物が現れた。
15 新時代をニナう若人だ。
16 色とりどりのカサが開く。
17 著名なカマモトで茶器を買う。
18 敗北をイサギヨく認めた。
19 エリをただして話を聞く。
20 入り口でウワグツに履き替える。
21 明け方、ニワトリが鳴いた。
22 闇にマギれて姿をくらます。
23 自分をイヤしめることはない。
24 新生活に期待がフクらむ。
25 カタヨった判定に抗議する。

総まとめ

第2回

/200

(一) 次の——線の読みをひらがなで記せ。 (30) 1×30

1 会社の約款に違反する行為だ。

2 沖天の勢いで勝ち進む。

3 滑稽な動作で笑いを誘う。

4 患者の脊椎に注射を打つ。

5 社殿の屋根に緑青が吹く。

6 役者冥利に尽きる思いだ。

7 昔かたぎの律儀な人だ。

8 彼の風貌は個性的だ。

9 恒例の観桜の会が開かれた。

10 事故を隠蔽した疑いがある。

11 未曽有の不況から脱却する。

12 かつては著名な伯爵家だった。

13 辛辣で聞くに堪えない。

14 落ち着いた雰囲気の店に入る。

15 穏やかな物腰で挨拶する。

16 捕虜が本国に送り返された。

17 ページの右端に付箋を貼る。

18 目の錯覚を利用した広告だ。

19 対戦相手を侮るな。

20 資金管理が丼勘定では困る。
21 敵にまんまと謀られた。
22 柔道の歴史を遡ってみる。
23 性懲りもなく失敗を繰り返す。
24 記念行事の運営に携わる。
25 物産展で陶器の箸置きを買う。
26 屋上に旗が翻っている。
27 恵みの雨で田畑が潤う。
28 栄えある代表に選ばれた。
29 謎めいた笑みを浮かべる。
30 麻の実は鳥の飼料となる。

(二) 次の漢字の**部首**を記せ。 (10) 1×10

〈例〉 菜（艹） 間（門）

1 嵐
2 虜
3 冠
4 娯
5 熊
6 痩
7 堕
8 琴
9 厘
10 甲

(三)

熟語の構成のしかたには次のようなものがある。

(20)
2×10

ア　同じような意味の漢字を重ねたもの　（**岩石**）

イ　反対または対応の意味を表す字を重ねたもの　（**高低**）

ウ　上の字が下の字を修飾しているもの　（**洋画**）

エ　下の字が上の字の目的語・補語になっているもの　（**着席**）

オ　上の字が下の字の意味を打ち消しているもの　（**非常**）

次の**熟語**は上の**ア～オ**のどれにあたるか、**一つ**選び、**記号**を（　）の中に記せ。

1　破砕　（　）

2　核心　（　）

3　桑園　（　）

4　出納　（　）

5　不肖　（　）

6　岐路　（　）

7　氾濫　（　）

8　魅力　（　）

9　提訴　（　）

10　旅愁　（　）

（四）次の**四字熟語**について、**問1**と**問2**に答えよ。（30）

問1 次の**四字熟語**の（**1**〜**10**）に入る適切な語を後の□の中から選び、**漢字二字**で記せ。（20）2×10

ア（**1**）玉食
イ（**2**）万象
ウ（**3**）大悲
エ（**4**）有閑
オ（**5**）冬扇

カ 興味（**6**）
キ 吉凶（**7**）
ク 異国（**8**）
ケ 懇切（**9**）
コ 疾風（**10**）

かふく・かろ・きんい・じょうちょ
しんしん・しんら・じんらい
だいじ・ていねい・ぼうちゅう

問2 次の**11**〜**15**の**意味**にあてはまるものを**問1**の**ア**〜**コ**の**四字熟語**から**一つ**選び、**記号**を（　）に記せ。（10）2×5

11 ぜいたくな生活をすること（　）

12 行動がすばやく激しいさま（　）

13 宇宙に存在する全てのもの（　）

14 仕事に追われていても、一息つく時間があること（　）

15 仏が衆生をあわれみ、いつくしむこと（　）

(五) 次の**1**～**5**の**対義語**、**6**～**10**の**類義語**を後の□の中から選び、**漢字**で記せ。□の中の語は一度だけ使うこと。 (20) 2×10

対義語

1 非凡（　　）

2 虚弱（　　）

3 軽快（　　）

4 賞賛（　　）

5 特殊（　　）

類義語

6 才媛（　　）

7 公表（　　）

8 安値（　　）

9 識見（　　）

10 長者（　　）

がんけん・さいじょ・ぞうけい
そうちょう・ばげん・ひろう・ふごう
ふへん・ぼんよう・れんか

(六) 次の――線の**カタカナ**を**漢字**に直せ。 (20) 2×10

1 **スンゲキ**を縫うようにして人ごみを進む。（　　）

2 怪盗が主役の**スンゲキ**を舞台で行う。（　　）

3 金銭の**ドレイ**には決してなりたくない。（　　）

4 素焼きの**ドレイ**を振ると鈍い音がする。（　　）

5 きれいにキャクインを踏んでいる詩だ。（　　）

6 大学のキャクイン教授として招かれる。（　　）

7 試験日が近づき神経がカビンになっている。（　　）

8 庭に咲いたアジサイをカビンに生ける。（　　）

9 カラ草模様の風呂敷を机の上に広げる。（　　）

10 割れかけたカラからひなが顔を出す。（　　）

(七) 次の各文にまちがって使われている**同じ読みの漢字**が**一字**ある。**上の（　）に誤字**を、**下の（　）に正しい漢字**を記せ。 (10) 2×5

1 人に害を加える外来種を駆除するために放った天敵が、希少な在来種を捕食して究地に陥れる虞がある。 誤（　）正（　）

2 火災時に消火線に装着するホースの金属製の筒が無施錠の倉庫から盗まれる事件が発生した。 誤（　）正（　）

3 気象庁の予測によると、近機地方は移動性の高気圧に覆われて週末は全般的に行楽日和になるそうだ。

誤（　）〔　〕正

4 外洋を帆走していた船が突風を受けて転覆し、一昼夜漂流を続けた末に捜策機に発見され生還を果たした。

誤（　）〔　〕正

5 側坑の鉄の蓋や青銅の半鐘など金属製品の窃盗事件が相次いでおり、警察は犯人逮捕に躍起になった。

誤（　）〔　〕正

(八) 次の——線の**カタカナ**を**漢字一字と送りがな**(ひらがな)に直せ。　(10) 2×5

1 歴史に**カンガミ**て推断を下す。（　）

2 **アコガレ**の選手に手紙を書く。（　）

3 犯した罪を**ツグナイ**たい。（　）

4 遅刻しそうになって**アワテル**。（　）

5 昔**ナツカシイ**映画を上映する。（　）

（九） 次の――線の**カタカナ**を**漢字**に直せ。 (50) 2×25

1 利益のサクシュは許されない。
2 思わぬギセイを強いられた。
3 二人はインセキ関係にある。
4 キュウセイした俳優を哀惜する。
5 コショウの水質を調査する。
6 常に精神のヘイコウを保つ。
7 証拠物件がオウシュウされた。
8 会場はセキとして声がなかった。
9 キョウリョウな考え方を改める。
10 勝敗にコウデイしない。
11 無農薬のセンチャを使う。
12 歯並びをキョウセイする。
13 父が子どものコロの話をする。
14 粘り抜いてウイジンを飾った。
15 美しい振りソデ姿に見とれる。
16 祝儀袋の表にコトブキと書く。
17 昨夜はイまわしい夢を見た。
18 悪人にヒジ鉄砲を食らわせる。
19 アルバイトで学資をカセぐ。
20 ケガれのない心の持ち主だ。
21 ツマサキをそろえて立つ。
22 犬が飼い主をシタって飛びつく。
23 回復のキザしが見えてきた。
24 計画の実行をウナガす。
25 三つ子のタマシイ百まで。

総まとめ 第1回 標準解答

(一) 読み (30)

番号	解答
1	りょうじゅう
2	らち
3	しゃふつ
4	かっとう
5	おうだ
6	いっしゅう
7	かんり
8	しょせん
9	ひゆ
10	あんぎゃ
11	ぞうげ
12	ゆうかい
13	ぶんぴつ／ぶんぴ
14	ごうまん
15	せいぜつ
16	だんがい
17	わいろ
18	こうおつ
19	はくり
20	のきさき
21	えじき
22	たまわ
23	あかつき
24	すきや
25	おこ
26	はげ
27	あご
28	あたい
29	こうた
30	やわ

(二) 部首 (10)

番号	解答
1	氵
2	女
3	手
4	宀
5	舟
6	羊
7	日
8	貝
9	巾
10	玉

(三) 熟語の構成 (20)

番号	解答
1	エ
2	ア
3	ウ
4	イ
5	オ
6	ウ
7	ア
8	ウ
9	イ
10	ア

(四) 四字熟語 (30)

問1

番号	解答
1	謹厳
2	盛者
3	金科
4	唯唯／唯々
5	呉越
6	弄月
7	粛正
8	亡羊
9	酌量
10	奪胎

問2

番号	解答
11	オ
12	カ
13	ク
14	ウ
15	コ

(五) 対義語・類義語 (20)

1	2	3	4	5	6	7	8	9	10
頂戴	拙宅	欠乏	清澄	軽侮	逐次	意趣	沿革	逝去	辛酸

(六) 同音・同訓異字 (20)

1	2	3	4	5	6	7	8	9	10
真摯	紳士	錠剤	浄財	鋼鉄	更迭	戦災	繊細	飢	植

(七) 誤字訂正 (10)

	1	2	3	4	5
誤	愛	苦	抱	備	順
正	曖	駆	包	微	准

(八) 漢字と送りがな (10)

1	2	3	4	5
潰れる	覆す	偽ら	滑らかな	唆す

(九) 書き取り (50)

1	2	3	4	5	6	7	8	9	10	11	12	13	14	15
椅子	言質	消耗	有袋類	要塞	捻挫	富貴	謁見	詰問	洞窟	控訴	炊飯	裾	鍵	担

16	17	18	19	20	21	22	23	24	25
傘	窯元	潔	襟	上靴	鶏	紛	卑	膨	偏

総まとめ　第2回　標準解答

(一) 読み (30)

1	やっかん
2	ちゅうてん
3	こっけい
4	せきつい
5	ろくしょう
6	みょうり
7	りちぎ
8	ふうぼう
9	かんおう
10	いんぺい
11	みぞう
12	はくしゃく
13	しんらつ
14	ふんいき
15	あいさつ
16	ほりょ
17	ふせん
18	さっかく
19	あなど
20	どんぶり
21	はか
22	さかのぼ
23	しょうこ
24	たずさ
25	はし
26	ひるがえ
27	うるお
28	は
29	なぞ
30	あさ

(二) 部首 (10)

1	山
2	虍
3	冖
4	女
5	灬
6	疒
7	土
8	王
9	厂
10	田

(三) 熟語の構成 (20)

1	ア
2	ア
3	ウ
4	イ
5	オ
6	ウ
7	ア
8	ウ
9	エ
10	ウ

(四) 四字熟語 (30)

問1

1	錦衣
2	森羅
3	大慈
4	忙中
5	夏炉
6	津津／津々
7	禍福
8	情緒
9	丁寧
10	迅雷

問2

11	ア
12	コ
13	イ
14	エ
15	ウ

(五) 対義語・類義語 (20)

1	2	3	4	5	6	7	8	9	10
凡庸	頑健	荘重	罵言	普遍	才女	披露	廉価	造詣	富豪

(六) 同音・同訓異字 (20)

1	2	3	4	5	6	7	8	9	10
寸隙	寸劇	奴隷	土鈴	脚韻	客員	過敏	花瓶	唐	殻

(七) 誤字訂正 (10)

	1	2	3	4	5
誤	究	線	機	策	坑
正	窮	栓	畿	索	溝

(八) 漢字と送りがな (10)

1	2	3	4	5
鑑み	憧れ	償い	慌てる	懐かしい

(九) 書き取り (50)

1	2	3	4	5	6	7	8	9	10	11	12	13	14	15
搾取	犠牲	姻戚	急逝	湖沼	平衡	押収	寂	狭量	拘泥	煎〔煎〕茶	矯正	頃	初陣	袖

16	17	18	19	20	21	22	23	24	25
寿	忌	肘	稼	汚	爪先	慕	兆	促	魂

学年別漢字配当表

「小学校学習指導要領」（平成23年4月実施）による

	ア	イ	ウ	エ	オ	カ	キ	ク	ケ
1年【10級】		一	右雨	円	王音	下火花貝学	気九休玉金	空	月犬見
2年【9級】		引	羽雲	園遠		何科夏家歌画回会海絵外角楽活間丸岩顔	汽記帰弓牛魚京強教近		兄形計元言原
3年【8級】	悪安暗	医委意育員院飲	運	泳駅	央横屋温	化荷界開階寒感漢館岸	起期客究急級宮球去橋業曲局銀	区苦具君	係軽血決研県
4年【7級】	愛案	以衣位囲胃印		英栄塩	億	加果貨課芽改械害街各覚完官管関観願	希季紀喜旗器機議求泣救給挙漁共協鏡競極	訓軍郡	径型景芸欠結建健験
5年【6級】	圧	移因		永営衛易益液演	応往桜恩	可仮価河過賀快解格確額刊幹慣眼	基寄規技義逆久旧居許境均禁	句群	経潔件券険検限現減
6年【5級】		異遺域	宇	映延沿		我灰拡革閣割株干巻看簡	危机揮貴疑吸供胸郷勤筋		系敬警劇激穴絹権憲源厳

	コ	サ	シ	ス	セ	ソ
1年【10級】	五口校	左三山	子四糸字耳七車手十出女小上森人	水	正生青夕石赤千川先	早草足村
2年【9級】	戸古午後語工公広交光考行高黄合谷国黒今	才細作算	止市矢姉思紙寺自時室社弱首秋週春書少場色食心新親	図数	西声星晴切雪船線前	組走
3年【8級】	庫湖向幸港号根	祭皿	仕死使始指歯詩次事持式実写者主守取酒受州拾終習集住重宿所暑助昭消商章勝乗植申身神真深進		世整昔全	相送想息速族
4年【7級】	固功好候航康告	差菜最材昨札刷殺察参産散残	士氏史司試児治辞失借種周祝順初松笑唱焼象照賞臣信		成省清静席積折節説浅戦選然	争倉巣束側続卒孫
5年【6級】	故個護効厚耕鉱構興講混	査再災妻採際在財罪雑酸賛	支志枝師資飼示似識質舎謝授修述術準序招承証条状常情織職		制性政勢精製税責績接設舌絶銭	祖素総造像増則測属率損
6年【5級】	己呼誤后孝皇紅降鋼刻穀骨困	砂座済裁策冊蚕	至私姿視詞誌磁射捨尺若樹収宗就衆従縦縮熟純処署諸除将傷障城蒸針仁	垂推寸	盛聖誠宣専泉洗染善	奏窓創装層操蔵臓存尊

	タ	チ	ツ	テ	ト	ナ	ニ	ネ	ノ	ハ	ヒ	フ	ヘ
1年【10級】	大男	竹中虫町		天田	土		二日入	年		白八	百	文	
2年【9級】	多太体台	地池知茶昼長鳥朝直	通	弟店点電	刀冬当東答頭同道読	内南	肉			馬売買麦半番		父風分聞	米
3年【8級】	他打対待代第題炭短談	着注柱丁帳調	追	定庭笛鉄転	都度投豆島湯登等動童				農	波配倍箱畑発反坂板	皮悲美鼻筆氷表秒病品	負部服福物	平返勉
4年【7級】	帯隊達単	置仲貯兆腸		低底停的典伝	徒努灯堂働特得毒			熱念		敗梅博飯	飛費必票標	不夫付府副粉	兵別辺変便
5年【6級】	退貸態団断	築張		提程適敵	統銅導徳独		任	燃	能	破犯判版	比肥非備俵評貧	布婦富武復複仏	編弁
6年【5級】	宅担探誕段暖	値宙忠著庁頂潮賃	痛	展	討党糖届	難	乳認		納脳	派拝背肺俳班晩	否批秘	腹奮	並陛閉片

	ホ	マ	ミ	ム	メ	モ	ヤ	ユ	ヨ	ラ	リ	ル	レ	ロ	ワ	学年字数	累計字数
1年【10級】	木本				名	目					立力林			六		八〇字	八〇字
2年【9級】	歩母方北	毎妹万			明鳴	毛門	夜野	友	用曜	来	里理				話	一六〇字	二四〇字
3年【8級】	放		味		命面	問	役薬	由油有遊	予羊洋葉陽様	落	流旅両緑		礼列練	路	和	二〇〇字	四四〇字
4年【7級】	包法望牧	末満	未脈民	無			約	勇	要養浴		利陸良料量輪	類	令冷例歴連	老労録		二〇〇字	六四〇字
5年【6級】	保墓報豊防貿 暴			務夢	迷綿			輸	余預容		略留領					一八五字	八二五字
6年【5級】	補暮宝訪亡忘 棒	枚幕	密		盟	模	訳	郵優	幼欲翌	乱卵覧	裏律臨			朗論		一八一字	一〇〇六字

「漢検」級別漢字表

（小学校学年別配当漢字を除く一一三〇字）

	ア	イ	ウ	エ	オ	カ	キ	ク	ケ
4級	握扱	依威為偉違維緯壱芋陰隠		影鋭越援煙鉛縁	汚押奥憶	菓暇箇雅介戒皆壊較獲刈甘汗乾勧歓監環鑑含	奇祈鬼幾輝儀戯詰却脚及丘朽巨拠距御凶叫狂況狭恐響驚仰	駆屈掘繰	恵傾継迎撃肩兼剣軒圏堅遣玄
3級	哀	慰		詠悦閲炎宴	欧殴乙卸穏	佳架華嫁餓怪悔塊慨該概郭隔穫岳掛滑肝冠勘貫喚換敢緩	企岐忌軌既棋棄騎欺犠菊吉喫虐虚峡脅凝斤緊	愚偶遇	刑契啓掲携憩鶏鯨倹賢幻
準2級	亜	尉逸姻韻	畝浦	疫謁猿	凹翁虞	渦禍靴寡稼蚊拐懐劾涯垣核殻嚇潟括喝渇褐轄且缶陥患堪棺款閑寛憾還艦頑	飢宜偽擬糾窮拒享挟恭矯暁菌琴謹襟吟	隅勲薫	茎渓蛍慶傑嫌献謙繭顕懸弦
2級	挨曖宛嵐	畏萎椅彙茨咽淫	唄鬱	怨媛艶	旺岡臆俺	苛牙瓦楷潰諧崖蓋骸柿顎葛釜鎌韓玩	伎亀毀畿臼嗅巾僅錦	惧串窟熊	詣憬稽隙桁拳鍵舷

	コ	サ	シ	ス	セ	ソ	タ	チ
4級	枯誇鼓互抗攻更恒荒香項稿豪込婚	鎖彩歳載剤咲惨	旨伺刺脂紫雌執芝斜煮釈寂朱狩趣需舟秀襲柔獣瞬旬巡盾召床沼称紹詳丈畳殖飾触侵振浸寝慎震薪尽陣尋	吹	是井姓征跡占扇鮮	訴僧燥騒贈即俗	耐替沢拓濁脱丹淡嘆端弾	恥致遅蓄沖跳徴澄沈珍
3級	孤弧雇顧娯悟孔巧甲坑拘郊控慌硬絞綱酵克獄恨紺魂墾	債催削搾錯撮擦暫	祉施諮侍慈軸疾湿赦邪殊寿潤遵如徐匠昇掌晶焦衝鐘冗嬢錠譲嘱辱伸辛審	炊粋衰酔遂穂随髄	瀬牲婿請斥隻惜籍摂潜繕	阻措粗礎双桑掃葬遭憎促賊	怠胎袋逮滞滝択卓託諾奪胆鍛壇	稚畜窒抽鋳駐彫超聴陳鎮
準2級	呉碁江肯侯洪貢溝衡購拷剛酷昆懇	佐唆詐砕宰栽斎崎索酢桟傘	肢嗣賜滋璽漆遮蛇酌爵珠儒囚臭愁酬醜汁充渋銃叔淑粛塾俊准殉循庶緒叙升抄肖尚宵症祥渉訟硝粧詔奨彰償礁浄剰縄壌醸津唇娠紳診刃迅甚	帥睡枢崇据杉	斉逝誓析拙窃仙栓旋践遷薦繊禅漸	租疎塑壮荘捜挿曹喪槽霜藻	妥堕惰駄泰濯但棚	痴逐秩嫡衷弔挑眺釣懲勅朕
2級	股虎錮勾梗喉乞傲駒頃痕	沙挫采塞埼柵刹拶斬	恣摯餌鹿叱嫉腫呪袖羞蹴憧拭尻芯腎	須裾	凄醒脊戚煎羨腺詮箋膳	狙遡曽爽痩踪捉遜	汰唾堆戴誰旦綻	緻酎貼嘲捗

	ツ	テ	ト	ナ	ニ	ネ	ノ	ハ	ヒ	フ	ヘ	ホ	マ
4級		抵堤摘滴添殿	吐途渡奴怒到逃倒唐桃透盗塔稲踏闘胴峠突鈍曇		弐		悩濃	杯輩拍泊迫薄爆髪抜罰般販搬範繁盤	彼疲被避尾微匹描浜敏	怖浮普腐敷膚賦舞幅払噴	柄壁	捕舗抱峰砲忙坊肪冒傍帽凡盆	慢漫
3級	墜	帝訂締哲	斗塗凍陶痘匿篤豚		尿	粘		婆排陪縛伐帆伴畔藩蛮	卑碑泌姫漂苗	赴符封伏覆紛墳	癖	募慕簿芳邦奉胞倣崩飽縫乏妨房某膨謀墨没翻	魔埋膜又
準2級	塚漬坪	呈廷邸亭貞逓偵艇泥迭徹撤	悼搭棟筒謄騰洞督凸屯	軟	尼妊忍	寧		把覇廃培媒賠伯舶漠肌鉢閥煩頒	妃披扉罷猫賓頻瓶	扶附譜侮沸雰憤	丙併塀幣弊偏遍	泡俸褒剖紡朴僕撲堀奔	麻摩磨抹
2級	椎爪鶴	諦溺塡	妬賭藤瞳栃頓貪丼	那奈梨謎鍋	匂虹	捻		罵剝箸氾汎阪斑	眉膝肘	阜訃	蔽餅璧蔑	哺蜂貌頰睦勃	昧枕

	ミ	ム	メ	モ	ヤ	ユ	ヨ	ラ	リ	ル	レ	ロ	ワ	計		累計
4級	妙眠	矛霧娘		茂猛網黙紋	躍	雄	与誉溶腰踊謡翼	雷頼絡欄	離粒慮療隣	涙	隷齢麗暦劣烈恋	露郎	惑腕	三一六字	五級まで 一〇〇六字（学習漢字）	一三二二字
3級	魅		滅免			幽誘憂	揚揺擁抑	裸濫	吏隆了猟陵糧厘		励零霊裂廉錬	炉浪廊楼漏	湾	二八五字	四級まで 一三二二字	一六〇七字
準2級	岬		銘	妄盲耗	厄	愉諭癒唯悠猶裕融	庸窯	羅酪	痢履柳竜硫虜涼僚寮倫	累塁	戻鈴		賄枠	三三三字	三級まで 一六〇七字	一九四〇字
2級	蜜		冥麺		冶弥闇	喩湧	妖瘍沃	拉辣藍	璃慄侶瞭	瑠		呂賂弄籠麓	脇	一九六字	準二級まで 一九四〇字	二一三六字

常用漢字表 付表（熟字訓・当て字 一一六語）

※小学校・中学校・高等学校のどの時点で学習するかの割り振りを示しました。

漢字	読み	小	中	高
明日	あす	○		
小豆	あずき		○	
海女・海士	**あま**			○
硫黄	いおう		○	
意気地	いくじ		○	
田舎	いなか		○	
息吹	**いぶき**			○
海原	うなばら		○	
乳母	うば		○	
浮気	**うわき**			○
浮つく	うわつく		○	
笑顔	えがお		○	
叔父・伯父	おじ		○	
大人	おとな	○		
乙女	おとめ		○	
叔母・伯母	おば		○	
お巡りさん	おまわりさん		○	
お神酒	**おみき**			○
母屋・母家	**おもや**			○
母さん	かあさん	○		
神楽	**かぐら**			○
河岸	**かし**			○
鍛冶	かじ		○	
風邪	かぜ		○	
固唾	かたず		○	
仮名	かな		○	
蚊帳	**かや**			○
為替	かわせ		○	
河原・川原	かわら	○		
昨日	きのう	○		
今日	きょう	○		
果物	くだもの	○		
玄人	**くろうと**			○
今朝	けさ	○		
景色	けしき	○		
心地	ここち		○	

漢字	読み	小	中	高
居士	**こじ**			○
今年	ことし	○		
早乙女	さおとめ		○	
雑魚	**ざこ**			○
桟敷	**さじき**			○
差し支える	さしつかえる		○	
五月	さつき		○	
早苗	さなえ		○	
五月雨	さみだれ		○	
時雨	しぐれ		○	
尻尾	しっぽ		○	
竹刀	しない		○	
老舗	しにせ		○	
芝生	しばふ		○	
清水	しみず	○		
三味線	しゃみせん		○	
砂利	じゃり		○	
数珠	**じゅず**			○
上手	じょうず	○		
白髪	しらが		○	
素人	**しろうと**			○
師走	**しわす(しはす)**			○
数寄屋・数奇屋	**すきや**			○
相撲	すもう		○	
草履	ぞうり		○	
山車	**だし**			○
太刀	たち		○	
立ち退く	たちのく		○	
七夕	たなばた	○		
足袋	たび		○	
稚児	**ちご**			○
一日	ついたち	○		
築山	**つきやま**			○
梅雨	つゆ		○	
凸凹	でこぼこ		○	
手伝う	てつだう	○		
伝馬船	**てんません**			○
投網	**とあみ**			○
父さん	とうさん	○		
十重二十重	**とえはたえ**			○

漢字	読み	小	中	高
読経	**どきょう**			○
時計	とけい	○		
友達	ともだち	○		
仲人	**なこうど**			○
名残	なごり		○	
雪崩	なだれ		○	
兄さん	にいさん	○		
姉さん	ねえさん	○		
野良	**のら**			○
祝詞	**のりと**			○
博士	はかせ	○		
二十・二十歳	はたち		○	
二十日	はつか	○		
波止場	はとば		○	
一人	ひとり	○		
日和	ひより		○	
二人	ふたり	○		
二日	ふつか	○		
吹雪	ふぶき		○	
下手	へた	○		
部屋	へや	○		
迷子	まいご	○		
真面目	まじめ	○		
真っ赤	まっか	○		
真っ青	まっさお	○		
土産	みやげ		○	
息子	むすこ		○	
眼鏡	めがね	○		
猛者	**もさ**			○
紅葉	もみじ		○	
木綿	もめん		○	
最寄り	もより		○	
八百長	**やおちょう**			○
八百屋	やおや	○		
大和	やまと		○	
弥生	やよい		○	
浴衣	**ゆかた**			○
行方	ゆくえ		○	
寄席	**よせ**			○
若人	わこうど		○	

二とおりの読み

↓のようにも読める。

「常用漢字表」（平成22年）本表備考欄による

遺言	ユイゴン	↓	イゴン
奥義	オウギ	↓	おくギ
堪能	カンノウ	↓	タンノウ
吉日	キチジツ	↓	キツジツ
兄弟	キョウダイ	↓	ケイテイ
甲板	カンパン	↓	コウハン
合点	ガッテン	↓	ガテン
昆布	コンブ	↓	コブ
紺屋	コンや	↓	コウや
詩歌	シカ	↓	シイカ
七日	なのか	↓	なぬか
老若	ロウニャク	↓	ロウジャク
寂然	セキゼン	↓	ジャクネン
法主	ホッス	↓	ホウシュ ホッシュ
十	ジッ	↓	ジュッ
情緒	ジョウチョ	↓	ジョウショ
憧憬	ショウケイ	↓	ドウケイ
人数	ニンズ	↓	ニンズウ
寄贈	キソウ	↓	キゾウ
側	がわ	↓	かわ
唾	つば	↓	つばき
愛着	アイジャク	↓	アイチャク
執着	シュウジャク	↓	シュウチャク
貼付	チョウフ	↓	テンプ
難しい	むずかしい	↓	むつかしい
分泌	ブンピツ	↓	ブンピ
富貴	フウキ	↓	フッキ
文字	モンジ	↓	モジ
大望	タイモウ	↓	タイボウ
頬	ほお	↓	ほほ
末子	バッシ	↓	マッシ
末弟	バッテイ	↓	マッテイ
免れる	まぬかれる	↓	まぬがれる
妄言	ボウゲン	↓	モウゲン
面目	メンボク	↓	メンモク
問屋	とんや	↓	といや
礼拝	ライハイ	↓	レイハイ

注意すべき読み

「常用漢字表」（平成22年）本表備考欄による

三位一体	サンミイッタイ
従三位	ジュサンミ
一羽	イチわ
三羽	サンば
六羽	ロッぱ
春雨	はるさめ
小雨	こさめ
霧雨	きりさめ
因縁	インネン
親王	シンノウ
勤王	キンノウ
反応	ハンノウ
順応	ジュンノウ
観音	カンノン
安穏	アンノン
天皇	テンノウ
身上	シンショウ シンジョウ （読み方により意味が違う）
一把	イチワ
三把	サンバ
十把	ジッ（ジュッ）パ

部首一覧表

表の上には部首を画数順に配列し、下には漢字の中で占める位置によって形が変化するものや特別な名称を持つものを示す。

偏《へん》……
旁《つくり》……
冠《かんむり》……
脚《あし》……
垂《たれ》……
繞《にょう》……
構《かまえ》……

番号	部首	部首	位置	名称
一画				
1	【一】	一		いち
2	【丨】	丨		ぼう たてぼう
3	【丶】	丶		てん
4	【丿】	丿		の はらいぼう
5	【乙】	乙		おつ
		し		おつ
6	【亅】	亅		はねぼう
二画				
7	【二】	二		に
8	【亠】	亠		なべぶた けいさんかんむり
9	【人】	人		ひと
		亻		にんべん
9	【人】	𠆢		ひとやね
10	【入】	入		いる
11	【儿】	儿		ひとあし にんにょう
12	【八】	八		はち
		八		は
13	【冂】	冂		どうがまえ けいがまえ まきがまえ
14	【冖】	冖		わかんむり
15	【冫】	冫		にすい
16	【几】	几		つくえ
17	【凵】	凵		うけばこ
18	【刀】	刀		かたな
		刂		りっとう
19	【力】	力		ちから
20	【勹】	勹		つつみがまえ
21	【匕】	匕		ひ
22	【匚】	匚		はこがまえ
23	【匸】	匸		かくしがまえ
24	【十】	十		じゅう
25	【卜】	卜		と うらない
26	【卩】	卩		わりふ ふしづくり
		㔾		わりふ ふしづくり
27	【厂】	厂		がんだれ
28	【厶】	厶		む
29	【又】	又		また
三画				
30	【口】	口		くち
		口		くちへん
31	【囗】	囗		くにがまえ
32	【土】	土		つち
		土		つちへん
33	【士】	士		さむらい
34	【夂】	夂		すいにょう ふゆがしら
35	【夕】	夕		た ゆうべ
36	【大】	大		だい
37	【女】	女		おんな
		女		おんなへん
38	【子】	子		こ
		子		こへん
39	【宀】	宀		うかんむり
40	【寸】	寸		すん
41	【小】	小		しょう
		⺌		しょう
42	【尢】	尢		だいのまげあし
43	【尸】	尸		かばね しかばね
44	【屮】	屮		てつ
45	【山】	山		やま
		山		やまへん
46	【川】	川		かわ
		巛		かわ
47	【工】	工		え たくみ
		工		たくみへん
48	【己】	己		おのれ
49	【巾】	巾		はば
		巾		はばへん きんべん
50	【干】	干		かん いちじゅう
51	【幺】	幺		よう いとがしら

番号	部首	字形	名称
52	【广】	广	まだれ
53	【廴】	廴	えんにょう
54	【廾】	廾	こまぬき にじゅうあし
55	【弋】	弋	しきがまえ
56	【弓】	弓	ゆみ
		弓	ゆみへん
57	【彐】	彑	けいがしら
58	【彡】	彡	さんづくり
59	【彳】	彳	ぎょうにんべん
60	【⺍】	⺍	つかんむり

四画

忄→心　扌→手
氵→水　犭→犬
艹→艸　辶→辵
阝(右)→邑　阝(左)→阜

番号	部首	字形	名称
61	【心】	心	こころ
		忄	りっしんべん
		⺗	したごころ
62	【戈】	戈	ほこづくり ほこがまえ
63	【戸】	戸	と
		戸	とだれ とかんむり
64	【手】	手	て
		扌	てへん
65	【支】	支	し
66	【攴】	攵	のぶん ぼくづくり
67	【文】	文	ぶん
68	【斗】	斗	とます
69	【斤】	斤	きん
		斤	おのづくり
70	【方】	方	ほう
		方	ほうへん かたへん
71	【日】	日	ひ
		日	ひへん
72	【曰】	曰	ひらび いわく
73	【月】	月	つき

番号	部首	字形	名称
73	【月】	月	つきへん
74	【木】	木	き
		木	きへん
75	【欠】	欠	あくび かける
76	【止】	止	とめる
77	【歹】	歹	かばねへん いちたへん がつへん
78	【殳】	殳	るまた ほこづくり
79	【毋】	毋	なかれ
80	【比】	比	ならびひ くらべる
81	【毛】	毛	け
82	【氏】	氏	うじ
83	【气】	气	きがまえ
84	【水】	水	みず
		氵	さんずい
		氺	したみず
85	【火】	火	ひ
		火	ひへん

番号	部首	字形	名称
85	【火】	灬	れんが れっか
86	【爪】	爪	つめ
		爫	つめかんむり つめがしら
87	【父】	父	ちち
88	【片】	片	かた
		片	かたへん
89	【牙】	牙	きば
90	【牛】	牛	うし
		牛	うしへん
91	【犬】	犬	いぬ
		犭	けものへん

五画

王・⺩→玉　礻→示
耂→老　辶→辵

番号	部首	字形	名称
92	【玄】	玄	げん
93	【玉】	玉	たま
		王	おう
93	【玉】	⺩	おうへん たまへん
94	【瓦】	瓦	かわら
95	【甘】	甘	かん あまい
96	【生】	生	うまれる
97	【用】	用	もちいる
98	【田】	田	た
		田	たへん
99	【疋】	疋	ひき
		⺪	ひきへん
100	【疒】	疒	やまいだれ
101	【癶】	癶	はつがしら
102	【白】	白	しろ
103	【皮】	皮	けがわ
104	【皿】	皿	さら
105	【目】	目	め
		目	めへん
106	【矛】	矛	ほこ

番号	部首	字形	名称
107	【矢】	矢	や
		矢	やへん
108	【旡】	旡	なし ぶ すでのつくり
109	【石】	石	いし
		石	いしへん
110	【示】	示	しめす
		礻	しめすへん
111	【禾】	禾	のぎ
		禾	のぎへん
112	【穴】	穴	あな
		穴	あなかんむり
113	【立】	立	たつ
		立	たつへん

氺→水　罒→网
衤→衣

六画

番号	部首	字形	名称
114	【竹】	竹	たけ
		⺮	たけかんむり
115	【米】	米	こめ
		米	こめへん
116	【糸】	糸	いと
		糸	いとへん
117	【缶】	缶	ほとぎ
118	【网】	罒	あみがしら あみめ よこめ
119	【羊】	羊	ひつじ
120	【羽】	羽	はね
121	【老】	耂	おいかんむり おいがしら
122	【而】	而	しかして しこうして
123	【耒】	耒	すきへん らいすき
124	【耳】	耳	みみ
		耳	みみへん
125	【聿】	聿	ふでづくり
126	【肉】	肉	にく
		月	にくづき
127	【自】	自	みずから
128	【至】	至	いたる
129	【臼】	臼	うす
130	【舌】	舌	した
131	【舟】	舟	ふね
		舟	ふねへん
132	【艮】	艮	ねづくり こんづくり
133	【色】	色	いろ
134	【艸】	艹	くさかんむり
135	【虍】	虍	とらがしら とらかんむり
136	【虫】	虫	むし
		虫	むしへん
137	【血】	血	ち
138	【行】	行	ぎょう
		行	ぎょうがまえ ゆきがまえ
139	【衣】	衣	ころも
		衤	ころもへん
140	【襾】	西	にし
		覀	おおいかんむり

七画

番号	部首	字形	名称
141	【見】	見	みる
142	【臣】	臣	しん
143	【角】	角	かく つの
		角	つのへん
144	【言】	言	げん
		言	ごんべん
145	【谷】	谷	たに
146	【豆】	豆	まめ
147	【豕】	豕	ぶた いのこ
148	【豸】	豸	むじなへん
149	【貝】	貝	かい こがい
		貝	かいへん
150	【赤】	赤	あか
151	【走】	走	はしる
		走	そうにょう
152	【足】	足	あし
		𧾷	あしへん
153	【身】	身	み
154	【車】	車	くるま
		車	くるまへん
155	【辛】	辛	からい
156	【辰】	辰	しんのたつ
157	【辵】	辶	しんにょう しんにゅう
		⻌	しんにょう しんにゅう
158	【邑】	阝	おおざと
159	【酉】	酉	ひよみのとり
		酉	とりへん
160	【釆】	釆	のごめ
		釆	のごめへん
161	【里】	里	さと
		里	さとへん

※注「⻌」については「遡・遜」のみに適用。

162	【舛】	舛	まいあし
163	【麦】	麦	むぎ
		麦	ばくにょう
八画			
164	【金】	金	かね
		金	かねへん
165	【長】	長	ながい
166	【門】	門	もん
		門	もんがまえ
167	【阜】	阜	おか
		阝	こざとへん
168	【隶】	隶	れいづくり
169	【隹】	隹	ふるとり
170	【雨】	雨	あめ
		雨	あめかんむり
171	【青】	青	あお
172	【非】	非	あらず ひ
173	【斉】	斉	せい
九画			飠→食
174	【面】	面	めん
175	【革】	革	かくのかわ つくりがわ
		革	かわへん
176	【音】	音	おと
177	【頁】	頁	おおがい
178	【風】	風	かぜ
179	【飛】	飛	とぶ
180	【食】	食	しょく
		飠	しょくへん
		𩙿	しょくへん
十画			
181	【首】	首	くび
182	【香】	香	か かおり
183	【馬】	馬	うま
		馬	うまへん
184	【骨】	骨	ほね
		骨	ほねへん
185	【高】	高	たかい
186	【髟】	髟	かみがしら
187	【鬯】	鬯	ちょう
188	【鬼】	鬼	おに
		鬼	きにょう
189	【韋】	韋	なめしがわ
190	【竜】	竜	りゅう
十一画			
191	【魚】	魚	うお
		魚	うおへん
192	【鳥】	鳥	とり
193	【鹿】	鹿	しか
194	【麻】	麻	あさ
195	【黄】	黄	き
196	【黒】	黒	くろ
197	【亀】	亀	かめ
十二画			
198	【歯】	歯	は
		歯	はへん
十三画			
199	【鼓】	鼓	つづみ
十四画			
200	【鼻】	鼻	はな

※注「𩙿」については「餌・餅」のみに適用。

●「漢検」受検の際の注意点

【字の書き方】

問題の答えは楷書《かいしょ》で大きくはっきり書きなさい。乱雑な字や続け字、また、行書体や草書体のようにくずした字は採点の対象とはしません。

特に漢字の書き取り問題では、答えの文字は教科書体をもとにして、はねるところ、とめるところなどもはっきり書きましょう。また、画数に注意して、一画一画を正しく、明確に書きなさい。

《例》

○熱　×熱　○言　×言　○糸　×糸

【字種・字体について】

(1)日本漢字能力検定2～10級においては、「常用漢字表」に示された字種で書きなさい。つまり、表外漢字（常用漢字表にない漢字）を用いると、正答とは認められません。

《例》

○交差点　×交叉点　（「叉」が表外漢字）

○寂しい　×淋しい　（「淋」が表外漢字）

(2)日本漢字能力検定2～10級においては、「常用漢字表」に示された字体で書きなさい。なお、「常用漢字表」に参考として示されている康熙《こうき》字典体など、旧字体と呼ばれているものを用いると、正答とは認められません。

《例》

○真　×眞　○渉　×涉　○飲　×飮

○迫　×迫　○弱　×弱

(3)一部例外として、平成22年告示「常用漢字表」で追加された字種で、許容字体として認められているものや、その筆写文字と印刷文字との差が習慣の相違に基づくとみなせるものは正答と認めます。

《例》

餌→餌　と書いても可　　遜→遜　と書いても可

葛→葛　と書いても可　　溺→溺　と書いても可

箸→箸　と書いても可

注意

(3)において、どの漢字が当てはまるかなど、一字一字については、当協会発行図書(2級対応のもの)掲載の漢字表で確認してください。

2級 漢字表

「漢検」2級配当漢字196字

覚えておきたい熟語の読み方や部首が、赤色になっています。
付録の赤シートを本の上に重ねて覚えましょう。

※漢字の左上に付いている★マークは、許容字体があることを示しています。詳細は(41)176ページをご覧ください。
そのほか漢字表の詳しい見方は、「本書の特長と使い方」(前から開いて3ページ目)をご確認ください。

( )の中の数字は後ろから開いた場合のページ数を表しています。

挨

扌《てへん》
10画

音 アイ
訓 ——

意味 押す・押しのける・せまる・近づく
語句 挨拶《あいさつ》・挨拶状《あいさつじょう》
用例 親戚の家を回り新年の**挨拶**をする。引っ越しの**挨拶状**をもらった。

曖

日《ひへん》
17画

音 アイ
訓 ——

意味 はっきりしない・暗い・かげる
語句 曖昧《あいまい》
用例 記憶が**曖昧**だ。**曖昧**な態度をとられて困惑する。

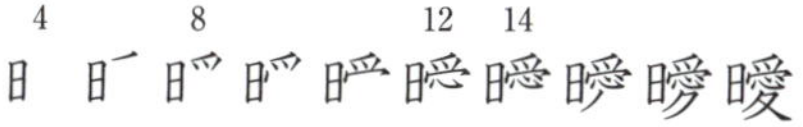

宛

宀《うかんむり》
8画

音 ——
訓 あ(てる)

意味 あて・あてる・ずつ
語句 宛先《あてさき》・宛《あ》て名《な》・父《ちち》に宛《あ》てた手紙《てがみ》
用例 封筒の表面に**宛先**を明記する。親友に**宛てて**手紙を書く。

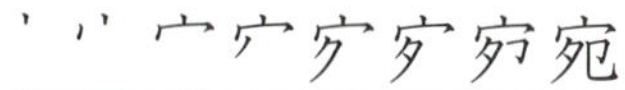

嵐

山《やま》
12画

音 ——
訓 あらし

意味 あらし・激しく吹く風
語句 砂嵐《すなあらし》・山嵐《やまあらし》
用例 **嵐**で貨物船が座礁した。突然、**砂嵐**に襲われた。

畏

田《た》
9画

音 イ
訓 おそ(れる)

意味 おそれうやまう・かしこまる
語句 畏敬《いけい》・畏日《いじつ》・畏怖《いふ》・畏友《いゆう》・畏《おそ》れ多《おお》い
用例 自然に対して**畏敬**の念を抱く。神を**畏怖**する。口にするのも**畏れ多い**。

萎

艹 くさかんむり　11画

音 イ
訓 な(える)

意味 しおれる・しぼむ・ぐったりする
語句 萎縮《いしゅく》・気力《きりょく》が萎《な》える
用例 師匠に怒られて気持ちが**萎縮**してしまった。日照りで草花が**萎える**。

椅

木 きへん　12画

音 イ
訓 ——

意味 いす・こしかけ
語句 椅子《いす》
用例 新しい**椅子**に腰掛ける。

彙

彑 けいがしら　13画

音 イ
訓 ——

意味 集める・集まる・たぐい
語句 彙報《いほう》・彙類《いるい》・語彙《ごい》・字彙《じい》
用例 調査結果を**彙報**にまとめる。読書家で**語彙**の豊富な人だ。

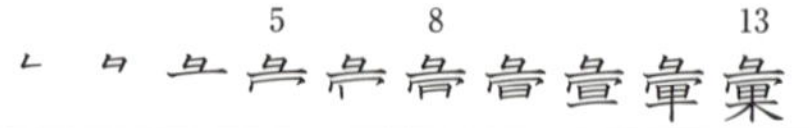

茨

艹 くさかんむり　9画

音 ——
訓 いばら

意味 とげのある低木・屋根をふく
語句 野茨《のいばら》・茨《いばら》の道《みち》・茨城県《いばらきけん》
用例 **茨の道**を歩む覚悟を決める。**茨城県**名物の水戸《みと》納豆を食べる。

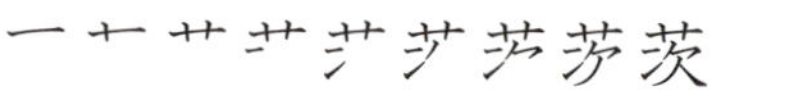

咽

口 くちへん　9画

音 イン
訓 ——

意味 のど・のむ・むせぶ・ふさがる
語句 咽喉《いんこう》・咽頭《いんとう》・耳鼻咽喉科《じびいんこうか》
用例 **咽頭**が炎症を起こす。**耳鼻咽喉科**で診察を受ける。

★淫

氵 さんずい　11画

音 イン
訓 みだ（ら）(高)

意味 度を越す・おぼれる・みだら

語句 淫雨《いんう》・淫行《いんこう》・淫欲《いんよく》・淫乱《いんらん》

用例 淫行を規制する条例だ。淫欲に溺れた主人公を赤裸々に描く。

唄

口 くちへん　10画

音 ——
訓 うた

意味 うた・民謡・俗謡

語句 小唄《こうた》・長唄《ながうた》・端唄《はうた》

用例 三味線に合わせて、小唄をうたう。和服を着て端唄を習いに行く。

鬱

鬯 ちょう　29画

音 ウツ
訓 ——

意味 しげる・ふさぐ・思い悩む

語句 鬱屈《うっくつ》・鬱病《うつびょう》・暗鬱《あんうつ》・陰鬱《いんうつ》・憂鬱《ゆううつ》

用例 陰鬱な雨空を見上げる。憂鬱そうな表情の友を気遣い声をかける。

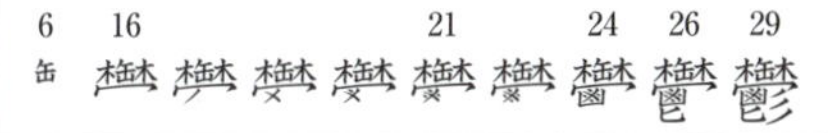

怨

心 こころ　9画

音 エン(高)　オン
訓 ——

意味 うらむ・うらみ・あだ・かたき

語句 怨恨《えんこん》・怨親平等《おんしんびょうどう》・怨敵《おんてき》・怨念《おんねん》・怨霊《おんりょう》

用例 犯行の動機は怨恨だった。怨念を抱く。怨霊のたたりをおそれる。

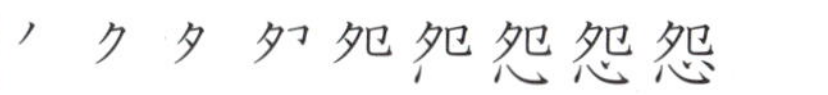

媛

女 おんなへん　12画

音 エン
訓 ——

意味 美しい・たおやか・ひめ

語句 歌媛《かえん》・才媛《さいえん》・名媛《めいえん》・愛媛県《えひめけん》

用例 三か国語を巧みに操る才媛として評判だ。愛媛県はミカンの産地だ。

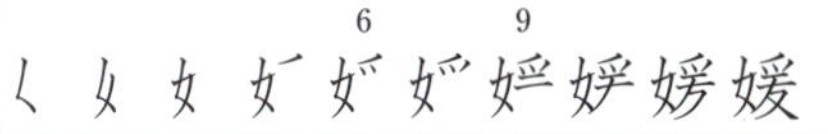

艶

色《いろ》 19画

音 エン㊫
訓 つや

意味 なまめかしい・あでやかで美しい
語句 艶書《えんしょ》・艶聞《えんぶん》・濃艶《のうえん》・妖艶《ようえん》・色艶《いろつや》
用例 女優の**妖艶**な姿に心を奪われる。顔の**色艶**が良く健康的だ。

旺

日《ひへん》 8画

音 オウ
訓 ——

意味 盛んなさま・美しい・光を放ち輝く
語句 旺盛《おうせい》・旺然《おうぜん》
用例 体調が戻り、食欲も**旺盛**になった。熱い思いが**旺然**と湧き上がる。

岡

山《やま》 8画

音 ——
訓 おか

意味 おか・小高い土地・そば・かたわら
語句 岡《おか》持《も》ち・岡山県《おかやまけん》・静岡県《しずおかけん》・福岡県《ふくおかけん》
用例 注文された料理を、**岡持ち**で運ぶ。**岡山県**は瀬戸内海に面している。

臆

月《にくづき》 17画

音 オク
訓 ——

意味 おしはかる・気後れする・胸の内
語句 臆説《おくせつ》・臆測《おくそく》・臆断《おくだん》・臆病《おくびょう》・臆面《おくめん》
用例 単なる**臆測**に過ぎない。昔から**臆病**な性格だ。**臆面**もなくうそをつく。

俺

亻《にんべん》 10画

音 ——
訓 おれ

意味 おれ・われ・自分の俗称
語句 俺《おれ》とお前《まえ》
用例 彼は自分のことを「**俺**」と言う。

苛

艹 くさかんむり　8画

音 カ

訓 —

意味 きびしい・いらだつ・さいなむ

語句 苛虐《かぎゃく》・苛酷《かこく》・苛政《かせい》・苛烈《かれつ》

用例 想像を絶するほどの**苛酷**な訓練だ。**苛烈**な戦いを繰り広げる。

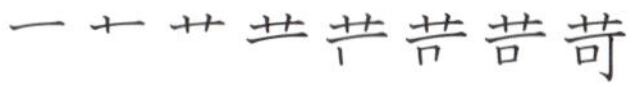

★牙

牙 きば　4画

音 ガ(高)　ゲ

訓 きば

意味 歯・陣営の前に立てる将軍の旗

語句 牙城《がじょう》・歯牙《しが》・毒牙《どくが》・象牙《ぞうげ》

用例 敵の**牙城**を攻める。悪徳業者の**毒牙**にかかる。**象牙**の密輸が横行する。

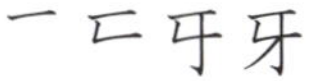

瓦

瓦 かわら　5画

音 ガ(高)

訓 かわら

意味 かわら・かわらけ

語句 瓦解《がかい》・玉砕瓦全《ぎょくさいがぜん》・瓦版《かわらばん》・瓦屋根《かわらやね》

用例 民衆の反乱により、独裁政権が**瓦解**する。赤茶色の**瓦屋根**が連なる。

楷

木 きへん　13画

音 カイ

訓 —

意味 カイの木・てほん・書体の一つ

語句 楷書《かいしょ》

用例 毛筆で美しい**楷書**を書く。書道教室で**楷書**の練習をする。

潰

氵 さんずい　15画

音 カイ

訓 つぶ(す)　つぶ(れる)

意味 つぶれる・敗れてちりぢりになる

語句 潰走《かいそう》・潰滅《かいめつ》・潰瘍《かいよう》・決潰《けっかい》・崩潰《ほうかい》

用例 敵の猛襲を受け**潰走**する。**潰滅**的な被害を受ける。胃に**潰瘍**ができる。

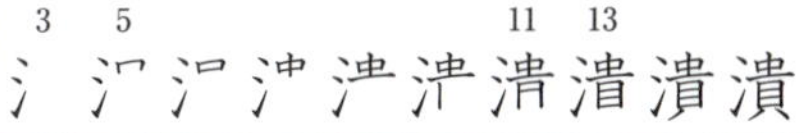

諧

言 ごんべん
16画

音 カイ
訓 ——

意味 やわらぐ・ととのう・調和する
語句 諧調《かいちょう》・諧和《かいわ》・俳諧《はいかい》
用例 この絵は色彩の**諧調**が優れている。古典の授業で**俳諧**を詠む。

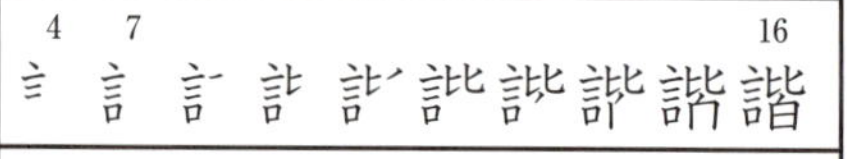

崖

山 やま
11画

音 ガイ
訓 がけ

意味 がけ・切り立ったところ
語句 懸崖《けんがい》・絶崖《ぜつがい》・断崖絶壁《だんがいぜっぺき》・※1 崖下《がけした》
用例 **断崖絶壁**がそそり立つ。**崖下**に珍しい花が咲いている。

蓋

艹 くさかんむり
13画

音 ガイ
訓 ふた

意味 おおう・かぶせる・かさ・ふた
語句 蓋世《がいせい》・蓋然《がいぜん》・※2 頭蓋骨《ずがいこつ》・天蓋《てんがい》・火蓋《ひぶた》
用例 **頭蓋骨**は脳を保護する。**天蓋**付きのベッド。決戦の**火蓋**が切られた。

骸

骨 ほねへん
16画

音 ガイ
訓 ——

意味 骨・がいこつ・からだ・むくろ
語句 骸骨《がいこつ》・遺骸《いがい》・形骸化《けいがいか》・残骸《ざんがい》・死骸《しがい》
用例 制度の**形骸化**を嘆く。道路に置かれた事故車の**残骸**を撤去する。

柿

木 きへん
9画

音 ——
訓 かき

意味 果物のカキ・カキの木
語句 柿色《かきいろ》・渋柿《しぶがき》・干《ほ》し柿《がき》
用例 秋になり**柿**が赤く色づく。**渋柿**を軒下につるす。**干し柿**が好物だ。

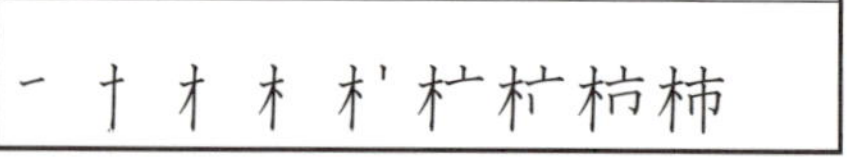

※1 「がいか」とも読む。
※2 「とうがいこつ」とも読む。

顎

頁 おおがい
18画

音 ガク
訓 あご

意味 あご
語句 顎関節《がくかんせつ》・※1下顎《かがく》・※2上顎《じょうがく》・顎《あご》で使《つか》う
用例 病院で**顎関節**症と診断された。**上顎**に薬を塗る。弟子を**顎で使う**。

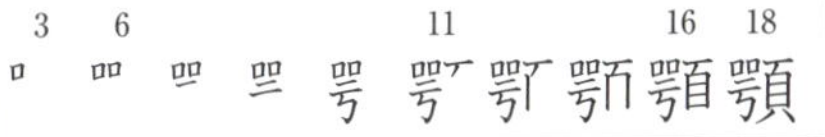

★葛

艹 くさかんむり
12画

音 カツ
訓 くず（高）

意味 マメ科のクズ・クズで作った布
語句 葛根湯《かっこんとう》・葛藤《かっとう》・葛粉《くずこ》・葛餅《くずもち》・葛湯《くずゆ》
用例 夢と現実の間で**葛藤**する。寒い日は**葛湯**を飲んで体を温める。

釜

金 かね
10画

音 ——
訓 かま

意味 かま・食べ物を煮炊きする道具
語句 釜《かま》揚《あ》げ・釜飯《かまめし》・茶釜《ちゃがま》・鍋釜《なべかま》
用例 **釜揚げ**うどんを注文する。旬の食材で**釜飯**を炊く。**茶釜**で湯を沸かす。

鎌

金 かねへん
18画

音 ——
訓 かま

意味 かま・草を刈る農具
語句 鎌首《かまくび》・鎌倉時代《かまくらじだい》・草刈《くさか》り鎌《がま》
用例 蛇が**鎌首**をもたげる。**鎌倉時代**に建てられた寺だ。**草刈り鎌**を研ぐ。

韓

韋 なめしがわ
18画

音 カン
訓 ——

意味 中国古代の国名・大韓民国
語句 韓国《かんこく》
用例 友人と二泊三日で**韓国**の首都ソウルを旅行した。

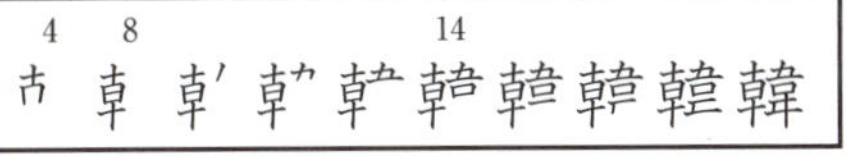

※1は「したあご」、※2は「うわあご」とも読む。

玩

王 おうへん・たまへん 8画

音 ガン

訓 —

意味 もてあそぶ・めでる・深く味わう

語句 玩具《がんぐ》・玩物喪志《がんぶつそうし》・玩味《がんみ》・愛玩《あいがん》・賞玩《しょうがん》

用例 子どもに**玩具**を買い与える。小型の**愛玩**犬を飼う。美術品を**賞玩**する。

伎

亻 にんべん 6画

音 キ

訓 —

意味 腕前・たくみ・芸能に携わる人

語句 歌舞伎《かぶき》

用例 **歌舞伎**は日本の伝統的な演劇だ。

亀

亀 かめ 11画

音 キ

訓 かめ

意味 カメ・カメの甲羅・ひび

語句 亀鑑《きかん》・亀裂《きれつ》・海亀《うみがめ》・鶴亀算《つるかめざん》

用例 長年の友情に**亀裂**が生じた。算数の時間に**鶴亀算**を習った。

毀

殳 るまた・ほこづくり 13画

音 キ

訓 —

意味 やぶる・こわれる・けなす・傷つく

語句 毀棄《きき》・毀損《きそん》・毀誉《きよ》・破毀《はき》・名誉毀損《めいよきそん》

用例 **毀誉**を顧みることなく最後まで信念を貫いた。**名誉毀損**で訴える。

畿

田 た 15画

音 キ

訓 —

意味 みやこ・首都

語句 ※3畿内《きない》・近畿《きんき》

用例 **畿内**の史跡を巡る。父は大学で**近畿**地方の方言を研究している。

※3 「きだい」とも読む。

臼

臼 うす
6画

音 キュウ
訓 うす

意味 穀物をつく道具・うすの形をしたもの
語句 臼歯《きゅうし》・脱臼《だっきゅう》・石臼《いしうす》
用例 臼歯が生える。落馬して右肩を脱臼した。そばの実を石臼でひく。

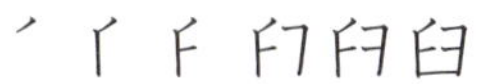

★嗅

口 くちへん
13画

音 キュウ
訓 か(ぐ)

意味 においをかぐ・さぐる
語句 嗅覚《きゅうかく》・嗅《か》ぎ当《あ》てる・匂《にお》いを嗅《か》ぐ
用例 犬の嗅覚は人間より敏感だ。犯罪の臭いを嗅ぎ当てる。

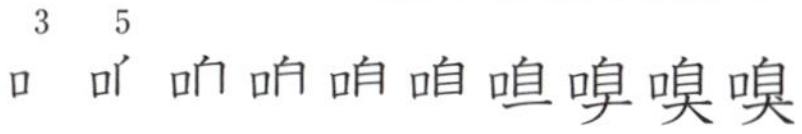

巾

巾 はば
3画

音 キン
訓 ——

意味 ぬのきれ・てぬぐい・かぶりもの
語句 巾着《きんちゃく》・頭巾《ずきん》・雑巾《ぞうきん》・茶巾《ちゃきん》・布巾《ふきん》
用例 巾着袋を縫う。防災用の頭巾をかぶる。雑巾で床を拭く。

★僅

亻 にんべん
13画

音 キン
訓 わず(か)

意味 わずか・ほんの少し
語句 僅僅《きんきん》・僅差《きんさ》・僅少《きんしょう》・残《のこ》り僅《わず》か
用例 僅差で優勝を逃して悔しがる。残席僅少のため早めにチケットを買う。

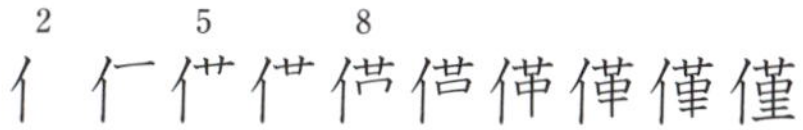

錦

金 かねへん
16画

音 キン
訓 にしき

意味 あや織物・にしきのように美しい
語句 錦糸卵《きんしたまご》・錦秋《きんしゅう》・衣錦還郷《いきんかんきょう》・錦絵《にしきえ》
用例 錦秋の山の景色はすばらしい。江戸《えど》時代の錦絵を展示する。

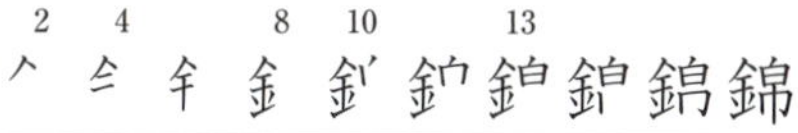

★惧

忄 りっしんべん 11画

音 グ
訓 ——

意味 おそれる・おどろく
語句 危《き》惧《ぐ》
用例 絶滅**危惧**種の保護に尽力する。

串

丨 ぼう・たてぼう 7画

音 ——
訓 くし

意味 くし・つらぬく・うがつ
語句 串団子《くしだんご》・串焼《くしや》き・竹串《たけぐし》・玉串《たまぐし》
用例 **串団子**が好物だ。釣った魚を**串焼き**にする。**玉串**を神前にささげる。

窟

穴 あなかんむり 13画

音 クツ
訓 ——

意味 ほらあな・人の集まる所・すみか
語句 岩窟《がんくつ》・石窟《せっくつ》・巣窟《そうくつ》・洞窟《どうくつ》・魔窟《まくつ》
用例 **石窟**を利用した寺院だ。悪の**巣窟**を一掃する。**洞窟**を探検する。

熊

灬 れんが・れっか 14画

音 ——
訓 くま

意味 動物のクマ
語句 熊手《くまで》・穴熊《あなぐま》・白熊《しろくま》・熊本県《くまもとけん》
用例 **熊手**で落ち葉をかき集める。**白熊**の子ども。**熊本県**で馬刺しを食べる。

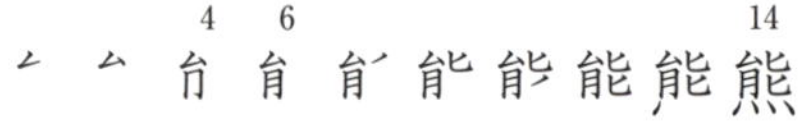

詣

言 ごんべん 13画

音 ケイ㊢
訓 もう(でる)

意味 いたる・もうでる・神社に参る
語句 参詣《さんけい》・造詣《ぞうけい》・初詣《はつもうで》・神社《じんじゃ》に詣《もう》でる
用例 寺社に**参詣**する。古典音楽に**造詣**が深い。元旦に**初詣**に行く。

憬

忄 りっしんべん 15画

音 ケイ

訓 ——

意味 あこがれる・さとる・気がつく

語句 ※憧憬《しょうけい》

用例 才能あふれる彼女を**憧憬**のまなざしで見る。

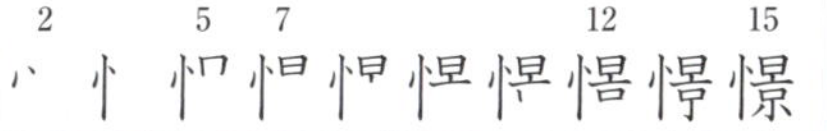

★稽

禾 のぎへん 15画

音 ケイ

訓 ——

意味 比べて考える・とどまる

語句 稽古《けいこ**》・荒唐無稽《こうとうむけい》・滑稽《こっけい》・不稽《ふけい》

用例 茶道の**稽古**に通う。**荒唐無稽**な言い分だ。**滑稽**な仕草に笑いが起こる。

隙

阝 こざとへん 13画

音 ゲキ(高)

訓 すき

意味 すき・すきま・ひま・間・仲たがい

語句 間隙《かんげき》・空隙《くうげき》・寸隙《すんげき》・隙間《すきま》・手隙《てすき》

用例 雑踏の**間隙**を縫うように進む。敵の**寸隙**をつく。雲の**隙間**から日が差す。

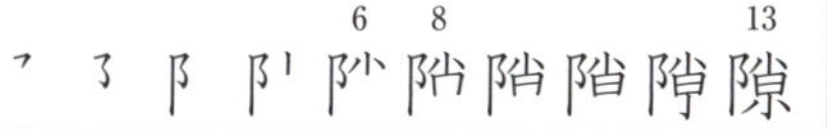

桁

木 きへん 10画

音 ——

訓 けた

意味 横木をかけ渡したもの・数の位どり

語句 桁違《けたちが》い・桁外《けたはず》れ・井桁《いげた》・橋桁《はしげた》

用例 **桁違い**の強さで圧勝した。**桁外れ**の価格に驚く。**橋桁**の工事を行う。

拳

手 て 10画

音 ケン

訓 こぶし

意味 こぶし・手指の形で勝負する遊戯

語句 拳銃《けんじゅう》・拳闘《けんとう》・拳法《けんぽう》・鉄拳《てっけん》・握《にぎ》り拳《こぶし》

用例 **拳銃**所持の疑いで逮捕する。祖父は**拳法**の達人だ。怒りの**鉄拳**が飛ぶ。

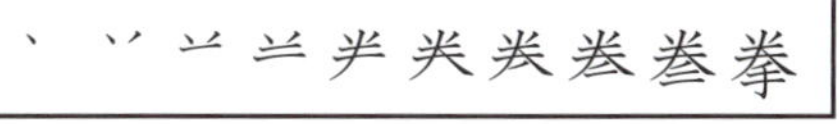

※「どうけい」とも読む。

鍵

金 かねへん 17画

音 ケン
訓 かぎ

意味 かぎ・手がかり・ピアノの指で押す所
語句 鍵盤《けんばん》・黒鍵《こっけん》・鍵穴《かぎあな》・合鍵《あいかぎ》
用例 ピアノの**鍵盤**をたたく。玄関の**鍵穴**に潤滑油をさす。

4 8 11 13
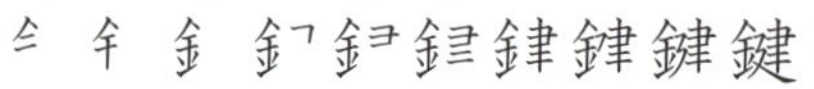

舷

舟 ふねへん 11画

音 ゲン
訓 ——

意味 ふなばた・ふなべり
語句 舷窓《げんそう》・舷側《げんそく》・右舷《うげん》・左舷《さげん》・接舷《せつげん》
用例 **舷側**から海のかなたを眺める。船の針路を**右舷**に変更する。

5
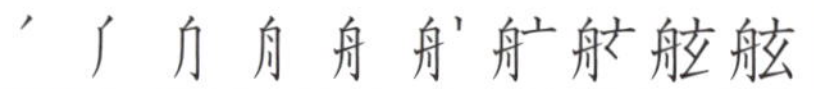

股

月 にくづき 8画

音 コ
訓 また

意味 足のつけね・もも・ふたまたのもの
語句 股間《こかん》・股関節《こかんせつ》・股上《またがみ》・内股《うちまた》・大股《おおまた》
用例 **股関節**のストレッチを行う。**股上**が深めのジーンズだ。**大股**で歩く。

虎

虍 とらがしら・とらかんむり 8画

音 コ
訓 とら

意味 動物のトラ・猛々《たけだけ》しいもののたとえ
語句 虎穴《こけつ》・虎口《ここう》・虎頭蛇尾《ことうだび》・猛虎《もうこ》・竜虎《りゅうこ》
用例 **虎穴**に入らずんば虎児を得ず。**虎口**を脱する。**猛虎**のごとく荒々しい。

錮

金 かねへん 16画

音 コ
訓 ——

意味 金属ですきまをふさぐ・とじこめる
語句 禁錮《きんこ》
用例 罰金、もしくは**禁錮**五年の刑に処される。

4 8 14

勾

勹《つつみがまえ》 4画

音 コウ

訓 ——

意味 曲がる・かぎ状に曲がったもの・とらえる

語句 勾引《こういん》・勾配《こうばい》・勾留《こうりゅう》・一筆勾消《いっぴつこうしょう》

用例 **勾配**の急な坂道を駆け上る。被疑者の身柄を**勾留**する。

梗

木《きへん》 11画

音 コウ

訓 ——

意味 大体・ふさがる・固い・ヤマニレの木

語句 梗概《こうがい》・梗塞《こうそく》・心筋梗塞《しんきんこうそく》・脳梗塞《のうこうそく》

用例 戯曲の**梗概**を読む。**心筋梗塞**の疑いで検査入院する。

喉

口《くちへん》 12画

音 コウ

訓 のど

意味 のど・のどぶえ

語句 喉頭《こうとう》・咽喉《いんこう》・喉笛《のどぶえ》・喉仏《のどぼとけ》・喉元《のどもと》

用例 **咽喉**に違和感がある。**喉仏**が上下に動く。**喉元**過ぎれば熱さを忘れる。

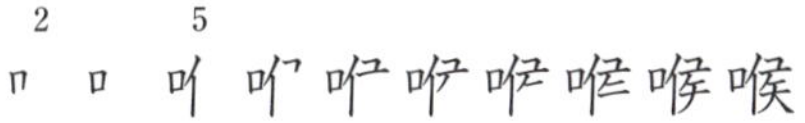

乞

乙《おつ》 3画

音 ——

訓 こ(う)

意味 こう・こいもとめる・ねだる

語句 命乞《いのちご》い・乞《こ》うご期待《きたい》

用例 相手に謝罪し、許しを**乞う**。捕虜たちは敵に**命乞い**をした。

傲

亻《にんべん》 13画

音 ゴウ

訓 ——

意味 おごる・あなどる・見くだす

語句 傲岸《ごうがん》・傲岸不遜《ごうがんふそん》・傲然《ごうぜん》・傲慢《ごうまん》

用例 独裁者のように**傲然**と構える。**傲慢**な態度に腹を立てる。

駒

馬《うまへん》 15画

音 ——

訓 こま

意味 若い元気な馬・小さいものの呼称

語句 駒鳥《こまどり》・手駒《てごま》・持《も》ち駒《ごま》・将棋《しょうぎ》の駒《こま》

用例 **駒鳥**のかわいい鳴き声が聞こえる。少ない**持ち駒**を駆使して戦う。

頃

頁《おおがい》 11画

音 ——

訓 ころ

意味 このごろ・ちかごろ・しばらく

語句 頃合《ころあ》い・近頃《ちかごろ》・手頃《てごろ》・年頃《としごろ》・日頃《ひごろ》

用例 **頃合い**を見て話しかける。**手頃**な値段の商品だ。**日頃**の疲れを癒やす。

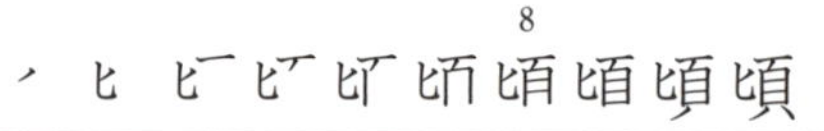

痕

疒《やまいだれ》 11画

音 コン

訓 あと

意味 きずあと・あと・あとかた

語句 痕跡《こんせき》・血痕《けっこん》・墨痕《ぼっこん》・※傷痕《きずあと》・爪痕《つめあと》

用例 事故の**痕跡**を探す。指紋と**血痕**を採取する。**傷痕**がきれいに消える。

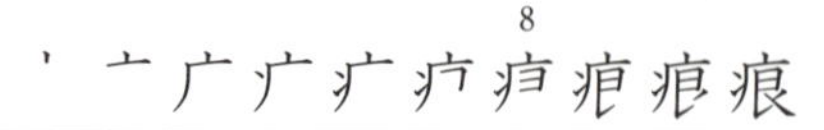

沙

氵《さんずい》 7画

音 サ

訓 ——

意味 すな・水中で洗ってよりわける

語句 沙汰《さた》・沙羅双樹《さらそうじゅ》・音沙汰《おとさた》・ご無沙汰《ぶさた》

用例 正気の**沙汰**ではない。**沙羅双樹**の花が咲く。**音沙汰**のない友が心配だ。

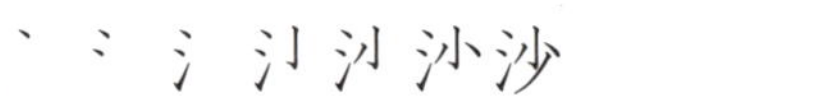

挫

扌《てへん》 10画

音 ザ

訓 ——

意味 くじく・関節を痛める・失敗する

語句 挫傷《ざしょう》・挫折《ざせつ》・頓挫《とんざ》・捻挫《ねんざ》・抑揚頓挫《よくようとんざ》

用例 **挫折**を乗り越え成長する。不況で開発計画が**頓挫**する。足を**捻挫**する。

※「しょうこん」とも読む。

采	采 のごめ 8画	意味 とる・いろどり・すがた・領地 語句 采配《さいはい》・喝采《かっさい》・拍手喝采《はくしゅかっさい》・風采《ふうさい》 用例 大将自ら**采配**を振る。**拍手喝采**を浴びる。**風采**の上がらない人だ。
音 サイ 訓 —		
塞	土 つち 13画	意味 ふさぐ・ふさがる・とざす・とりで 語句 城塞《じょうさい》・要塞《ようさい》・脳梗塞《のうこうそく》・閉塞《へいそく》・塞翁《さいおう》が馬《うま》 用例 頑丈な**要塞**を築く。**脳梗塞**で入院する。不況の**閉塞**感を打破する。
音 サイ ソク 訓 ふさ(ぐ) ふさ(がる)		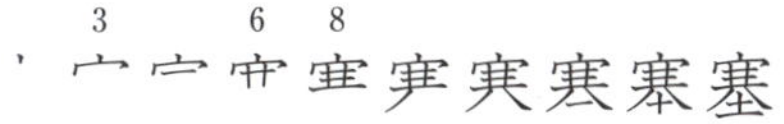
埼	土 つちへん 11画	意味 さき・みさき 語句 埼玉県《さいたまけん》 用例 **埼玉県**は東京都と隣接している。
音 — 訓 さい		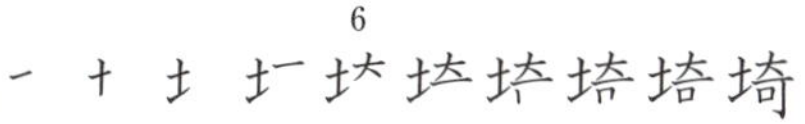
柵	木 きへん 9画	意味 木や金属で作った囲い・とりで 語句 柵門《さくもん》・城柵《じょうさく》・鉄柵《てっさく》・木柵《もくさく》 用例 庭に**柵**をめぐらせる。安全のために駅のホームに**鉄柵**が設置された。
音 サク 訓 —		
刹	刂 りっとう 8画	意味 てら・寺院 語句 刹那《せつな》・古刹《こさつ》・名刹《めいさつ》・羅刹《らせつ》 用例 その詩人は**刹那**的な生涯を送った。京都の**名刹**・**古刹**を案内する。
音 サツ㊥ セツ 訓 —		

拶

扌 てへん　9画

音 サツ
訓 ―

意味 せまる・おしよせる
語句 挨拶《あいさつ》・挨拶状《あいさつじょう》
用例 **挨拶**は対人関係の基本だ。新会社設立の**挨拶状**を出す。

斬

斤 おのづくり　11画

音 ザン
訓 き(る)

意味 刀で切る・きわだつ・抜きんでる
語句 斬殺《ざんさつ》・斬首《ざんしゅ》・斬新《ざんしん》・刀《かたな》で斬《き》る
用例 侍が夜盗を**斬殺**する。昔は**斬首**の刑があった。**斬新**な発想に驚く。

恣

心 こころ　10画

音 シ
訓 ―

意味 ほしいまま・勝手気ままにする
語句 恣意的《しいてき》・放恣《ほうし》
用例 **恣意的**な判断をして周囲からの信頼を失う。堕落した**放恣**な生活を送る。

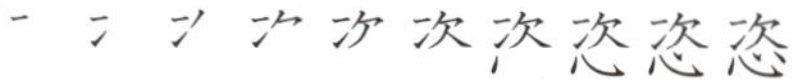

摯

手 て　15画

音 シ
訓 ―

意味 まこと・まじめ・もつ・つかむ
語句 真摯《しんし》
用例 厳しい忠告を**真摯**に受け止める。

★餌

飠 しょくへん　15画

音 ジ(高)
訓 えさ
え

意味 飼料・人を誘惑する手段・食物の総称
語句 好餌《こうじ》・食餌《しょくじ》・薬餌《やくじ》・餌《えさ》やり・餌食《えじき》
用例 **好餌**で相手を誘う。**食餌**療法の指導を受ける。肉食動物の**餌食**になる。

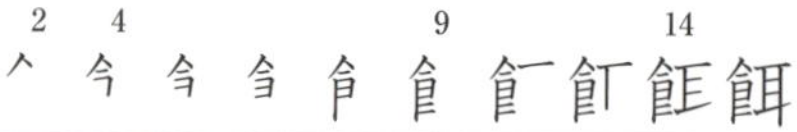

鹿

鹿 しか
11画

音 ──
訓 しか
か

意味 動物のシカ・権力者の地位のたとえ
語句 鹿《か》の子《こ》絞《しぼ》り・小鹿《こじか》・鹿児島県《かごしまけん》
用例 鹿の子絞りの羽織を着る。**鹿児島県**には世界遺産の屋久島《やくしま》がある。

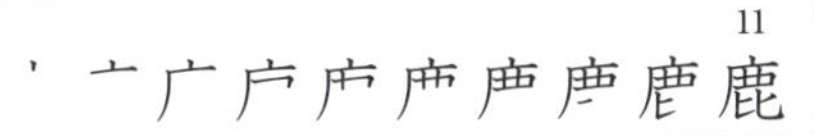

叱

口 くちへん
5画

音 シツ
訓 しか(る)

意味 しかる・責める・とがめる
語句 叱正《しっせい》・叱声《しっせい》・叱責《しっせき》・子《こ》を叱《しか》る
用例 コーチの鋭い**叱声**が体育館に響く。遅刻した部下を**叱責**する。

嫉

女 おんなへん
13画

音 シツ
訓 ──

意味 ねたむ・やきもちをやく・にくむ
語句 嫉視《しっし》・嫉妬《しっと》
用例 **嫉視**を浴び、いたたまれなくなる。文武両道の彼に**嫉妬**する。

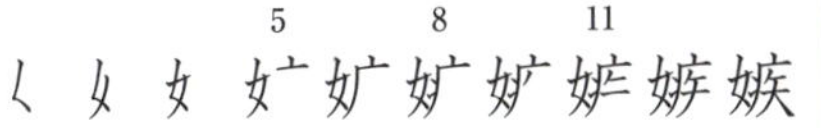

腫

月 にくづき
13画

音 シュ
訓 は(れる)
は(らす)

意味 はれもの・できもの・はれる
語句 腫瘍《しゅよう》・筋腫《きんしゅ》・浮腫《ふしゅ》・泣《な》き腫《は》らす
用例 **腫瘍**は良性だった。検診で**筋腫**が見つかる。目を赤く**泣き腫らす**。

呪

口 くちへん
8画

音 ジュ
訓 のろ(う)

意味 のろう・のろい・まじない
語句 呪術《じゅじゅつ》・呪縛《じゅばく》・呪物《じゅぶつ》・呪文《じゅもん》・世《よ》を呪《のろ》う
用例 因習の**呪縛**から解放される。魔女が怪しげな**呪文**を唱える。

袖

衤 ころもへん
10画

音 シュウ 高
訓 そで

意味 そで・衣服のそで
語句 袖手《しゅうしゅ》・領袖《りょうしゅう》・袖口《そでぐち》・長袖《ながそで》・半袖《はんそで》
用例 各派閥の**領袖**が一堂に会する。**半袖**のシャツに着替える。

羞

羊 ひつじ
11画

音 シュウ
訓 ——

意味 はじる・はずかしい
語句 羞悪《しゅうお》・羞恥心《しゅうちしん》・含羞《がんしゅう》・膳羞《ぜんしゅう》
用例 **羞恥心**のかけらもない行動に非難が集まる。顔に**含羞**の色を浮かべる。

蹴

⻊ あしへん
19画

音 シュウ
訓 け(る)

意味 ける・けとばす・踏む・つつしむ
語句 蹴球《しゅうきゅう》・一蹴《いっしゅう》・蹴散《けち》らす
用例 学生時代は**蹴球**部に所属していた。全ての抗議を**一蹴**した。

憧

忄 りっしんべん
15画

音 ショウ
訓 あこが(れる)

意味 あこがれる・心がおちつかないさま
語句 ※憧憬《しょうけい》・憧《あこが》れの人《ひと》
用例 未知の世界への**憧憬**がある。ついに**憧れの人**に会う機会を得た。

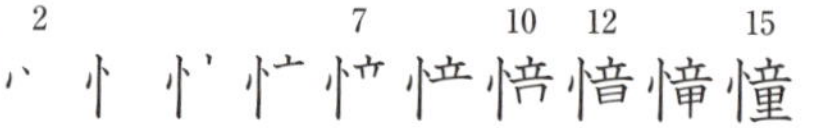

拭

扌 てへん
9画

音 ショク 高
訓 ふ(く)
ぬぐ(う)

意味 ぬぐう・ふく・ふきとる
語句 拭浄《しょくじょう》・払拭《ふっしょく》・拭《ふ》き掃除《そうじ》・手拭《てぬぐ》い
用例 仏像のほこりを**拭浄**する。悪い印象を**払拭**する。**手拭い**で鉢巻きをする。

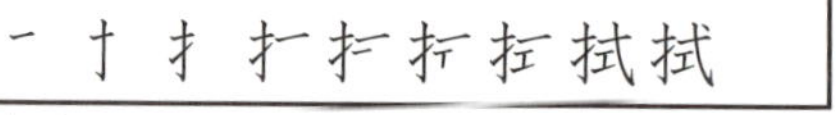

※「どうけい」とも読む。

尻

尸 かばね・しかばね
5画

音 —
訓 しり

意味 しり・うしろのほう・おわり

語句 尻込《しりご》み・尻拭《しりぬぐ》い・尻餅《しりもち》・目尻《めじり》・尻尾《しっぽ》

用例 恐怖に駆られて**尻込み**する。転んで**尻餅**をつく。犬が**尻尾**を振る。

芯

艹 くさかんむり
7画

音 シン
訓 —

意味 物の中心部分・イグサ科の多年草

語句 帯芯《おびしん》・替《か》え芯《しん》・灯芯《とうしん》

用例 鉛筆の**芯**が折れてしまった。ランプの**灯芯**に火をつける。

腎

肉 にく
13画

音 ジン
訓 —

意味 五臓の一つ・大切なところ

語句 腎臓《じんぞう》・腎不全《じんふぜん》・肝腎《かんじん》・副腎《ふくじん》

用例 **腎臓**の機能が低下する。何事も継続が**肝腎**だ。**副腎**は内分泌器官だ。

須

頁 おおがい
12画

音 ス
訓 —

意味 待つ・求める・しなければならない

語句 須恵器《すえき》・急須《きゅうす》・必須《ひっす》

用例 **須恵器**作りを体験する。**急須**でお茶を入れる。**必須**事項を記入する。

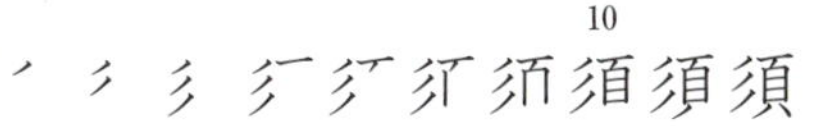

裾

衤 ころもへん
13画

音 —
訓 すそ

意味 衣服のすそ・下のほう

語句 裾上《すそあ》げ・裾野《すその》・お裾分《すそわ》け・山裾《やますそ》

用例 ズボンの**裾上げ**をする。新規産業の**裾野**が広がる。紅葉が**山裾**に広がる。

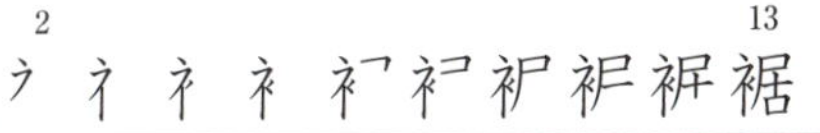

凄

冫 にすい

10画

音 セイ

訓 ──

意味 すさまじい・ぞっとする・すごい

語句 凄艶《せいえん》・凄惨《せいさん》・凄切《せいせつ》・凄絶《せいぜつ》・凄然《せいぜん》

用例 事故現場は**凄惨**を極めた。**凄絶**な戦いに終止符が打たれた。

醒

酉 とりへん

16画

音 セイ

訓 ──

意味 さめる・眠り、迷いなどからさめる

語句 醒悟《せいご》・覚醒《かくせい》・警醒《けいせい》・半醒《はんせい》・半醒半睡《はんせいはんすい》

用例 こん睡状態の患者が**覚醒**した。**半醒半睡**で足下もおぼつかない。

脊

肉 にく

10画

音 セキ

訓 ──

意味 背骨・中央が高くなっているもの

語句 脊髄《せきずい》・脊柱《せきちゅう》・脊椎《せきつい》・脊椎動物《せきついどうぶつ》

用例 **脊髄**は中枢神経の一つだ。**脊柱**は背骨ともいう。人は**脊椎動物**に属する。

戚

戈 ほこづくり・ほこがまえ

11画

音 セキ

訓 ──

意味 身内・親類・いたむ・うれえる

語句 姻戚《いんせき》・遠戚《えんせき》・縁戚《えんせき》・外戚《がいせき》・親戚《しんせき》

用例 歴史上の貴族の**姻戚**関係を調べる。結婚式に**親戚**一同が集まる。

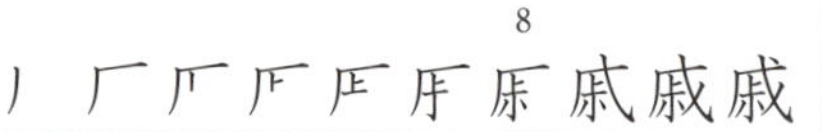

★煎

灬 れんが・れっか

13画

音 セン

訓 い(る)

意味 いる・あぶる・せんじる・煮詰める

語句 煎茶《せんちゃ》・煎餅《せんべい》・煎薬《せんやく》・香煎《こうせん》・煎《い》り卵《たまご》

用例 毎朝**煎茶**を飲む。お茶請けに**煎餅**を出す。草の根を**煎薬**にして飲む。

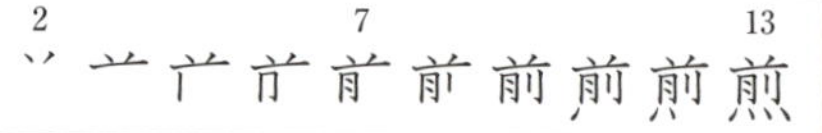

羨

羊《ひつじ》 13画

音 セン 高

訓 うらや(む)
うらや(ましい)

意味 うらやむ・ほしがる・あまる

語句 羨道《せんどう》・羨《せん》慕《ぼ》・羨望《せんぼう》・人《ひと》も羨《うらや》む仲《なか》

用例 民主主義を**羨慕**して亡命した。賞を獲得し**羨望**の的となる。

腺

月《にくづき》 13画

音 セン

訓 ——

意味 せん・体液の分泌作用を営む器官

語句 汗腺《かんせん》・甲状腺《こうじょうせん》・前立腺《ぜんりつせん》・乳腺《にゅうせん》・涙腺《るいせん》

用例 **前立腺**肥大の手術を受けた祖父が退院した。感動的な話に**涙腺**が緩む。

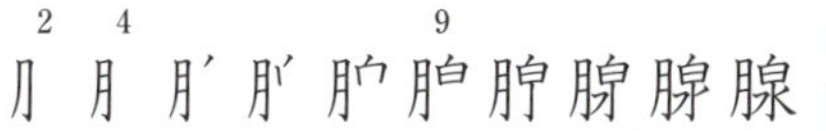

★詮

言《ごんべん》 13画

音 セン

訓 ——

意味 明らかにする・解く・方法・結局

語句 詮《せん》議《ぎ》・詮索《せんさく》・所詮《しょせん》・詮方《せんかた》無《な》い

用例 余剰金の使途を**詮議**する。他人の事情を**詮索**する。**所詮**は浅知恵だ。

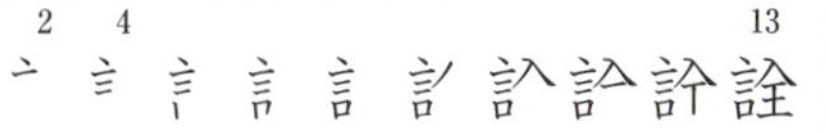

★箋

⺮《たけかんむり》 14画

音 セン

訓 ——

意味 ふだ・注釈・手紙などを書く紙

語句 箋注《せんちゅう》・一筆箋《いっぴつせん》・処方箋《しょほうせん》・便箋《びんせん》・付《ふ》箋《せん》

用例 薬局の受付に**処方箋**を出す。お気に入りの**便箋**で手紙を書く。

膳

月《にくづき》 16画

音 ゼン

訓 ——

意味 料理をのせる台・とりそろえた料理

語句 膳羞《ぜんしゅう》・膳《ぜん》部《ぶ》・御《ご》膳《ぜん》・食膳《しょくぜん》・配膳《はいぜん》

用例 好物が**膳**に上る。海の幸が**食膳**をにぎわす。給食の**配膳**をする。

狙

犭 けものへん 8画

音 ソ
訓 ねら(う)

意味 ねらう・うかがう

語句 狙《そ》撃《げき》・狙《そ》公《こう》・狙《ねら》い通《とお》り

用例 物陰から標的を**狙撃**する。**狙い通り**に計画が進み満足だ。

★遡

辶 しんにょう・しんにゅう 14画

音 ソ(高)
訓 さかのぼ(る)

意味 さかのぼる・流れにさからいのぼる

語句 遡《そ》及《きゅう》・遡《そ》源《げん》・遡《そ》行《こう》・遡《そ》上《じょう》・川《かわ》を遡《さかのぼ》る

用例 条例の適用を四月に**遡及**する。産卵のためサケが川を**遡上**する。

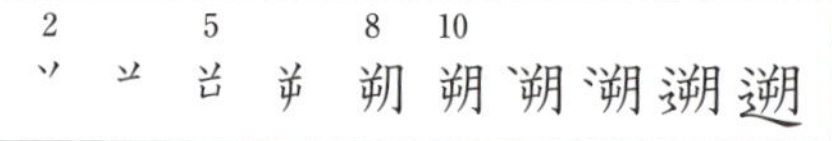

曽

日 ひらび・いわく 11画

音 ソウ ゾ
訓 ―

意味 かつて・かさねる・かさなり

語句 曽《そう》祖《そ》父《ふ》・曽《そう》祖《そ》母《ぼ》・曽《そう》孫《そん》・未《み》曽《ぞ》有《う》

用例 白寿を迎えた**曽祖母**に花束を贈る。**未曽有**の大惨事が起こる。

爽

大 だい 11画

音 ソウ
訓 さわ(やか)

意味 さわやか・すがすがしい・明らか

語句 爽快《そうかい》・爽秋《そうしゅう》・爽涼《そうりょう》・清爽《せいそう》

用例 **爽快**な気分になる。**爽涼**は秋の季語だ。初夏の高原に**清爽**な風が吹く。

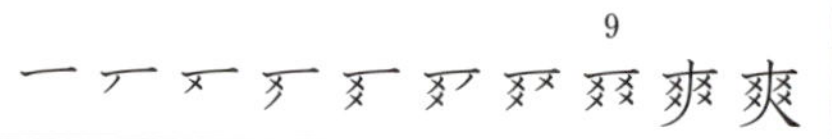

痩

疒 やまいだれ 12画

音 ソウ(高)
訓 や(せる)

意味 体がやせる・土地がやせる

語句 痩《そう》骨《こつ》窮《きゅう》骸《がい》・痩《そう》身《しん》・枯《こ》痩《そう》・痩《や》せ我《が》慢《まん》

用例 すらりとした**痩身**の女性が現れた。**痩せ我慢**をして風邪をひく。

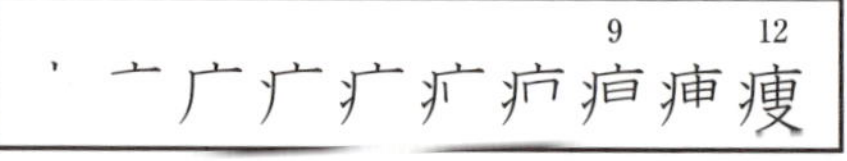

踪

𧾷 あしへん

15画

音 ソウ

訓 ―

意味 あと・足あと・ゆくえ

語句 踪跡《そうせき》・失踪《しっそう》

用例 事件後に**失踪**した男の行方を追う。

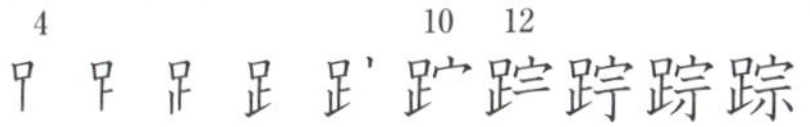

捉

扌 てへん

10画

音 ソク

訓 とら(える)

意味 とらえる・つかまえる・つかむ

語句 把捉《はそく》・捕捉《ほそく》・心《こころ》を捉《とら》える

用例 顧客の要望の**把捉**に努める。敵機を**捕捉**する。観客の**心を捉える**。

★遜

辶 しんにょう・しんにゅう

14画

音 ソン

訓 ―

意味 へりくだる・劣る・ゆずる

語句 遜色《そんしょく》・謙遜《けんそん》・傲岸《ごうがん》不遜《ふそん》・不遜《ふそん》

用例 師の作品と比べても**遜色**ない。**謙遜**を美徳と考える。**不遜**な態度をとる。

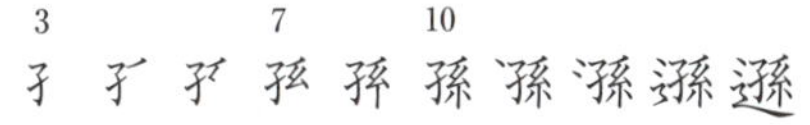

汰

氵 さんずい

7画

音 タ

訓 ―

意味 よりわける・水で洗って選びわける

語句 表沙汰《おもてざた》・ご無沙汰《ぶさた》・沙汰《さた》

用例 不祥事が**表沙汰**になる。**ご無沙汰**しています。詳細は追って**沙汰**する。

唾

口 くちへん

11画

音 ダ

訓 つば

意味 つば・つばき・つばを吐く

語句 唾液《だえき》・唾棄《だき》・眉唾《まゆつば》・固唾《かたず》

用例 **唾液**を採取する。裏切りは**唾棄**すべき行為だ。その情報は**眉唾**物だ。

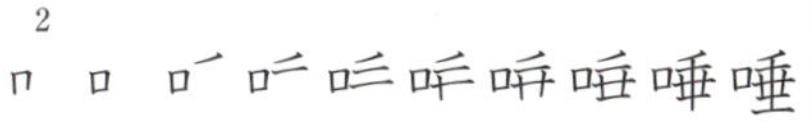

堆

土 つちへん
11画

音 タイ
訓 ―

意味 うずたかい・積みあげる

語句 堆金積玉《たいきんせきぎょく》・堆積《たいせき》・堆肥《たいひ》

用例 **堆積**した土砂を取り除く。生ごみから**堆肥**を作る機械だ。

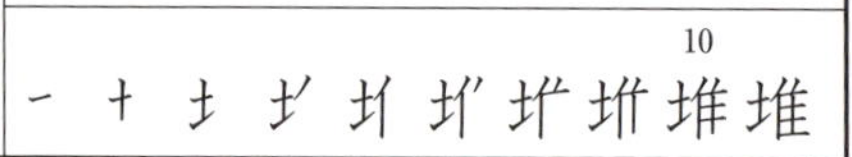

戴

戈 ほこづくり・ほこがまえ
17画

音 タイ
訓 ―

意味 いただく・頭上に物をのせる

語句 戴冠《たいかん》・推戴《すいたい》・頂戴《ちょうだい》・披星戴月《ひせいたいげつ》

用例 正装して**戴冠**式に臨む。受賞記念品を**頂戴**する。

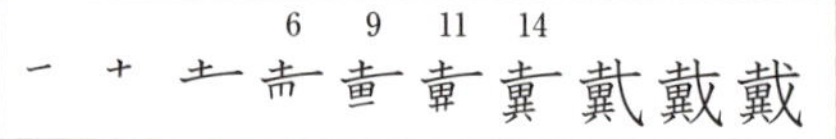

誰

言 ごんべん
15画

音 ―
訓 だれ

意味 だれ・どの人

語句 誰彼《だれかれ》

用例 集会には**誰**でも参加可能です。**誰彼**構わず話しかける。

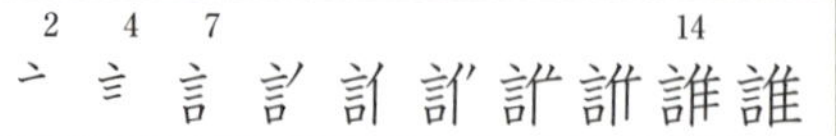

旦

日 ひ
5画

音 タン ダン
訓 ―

意味 あした・朝・明け方・ある日

語句 旦夕《たんせき》・旦那《だんな》・一旦《いったん》・元旦《がんたん》

用例 彼の命は**旦夕**に迫っている。**一旦**停止する。一年の計は**元旦**にあり。

綻

糸 いとへん
14画

音 タン
訓 ほころ(びる)

意味 ほころびる・ほころぶ

語句 破綻《はたん》・破綻百出《はたんひゃくしゅつ》・綻《ほころ》びを繕《つくろ》う

用例 景気の低迷が原因で金融機関が**破綻**した。セーターの**綻び**を繕う。

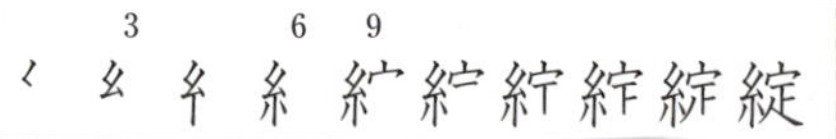

緻

糸 いとへん 16画

音 チ

訓 ——

意味 きめこまかい・くわしい

語句 緻密《ちみつ》・巧緻《こうち》・細緻《さいち》・精緻《せいち》

用例 **緻密**な計画を立てる。**巧緻**な文章だ。
精緻を極めた日本画だ。

酎

酉 とりへん 10画

音 チュウ

訓 ——

意味 雑穀などから造った蒸留酒の一種

語句 焼酎《しょうちゅう》

用例 **焼酎**で晩酌する。母は日本酒よりも
焼酎を好んで飲む。

貼

貝 かいへん 12画

音 チョウ

訓 は(る)

意味 はる・はりつける

語句 ※貼付《ちょうふ》・貼用《ちょうよう》・貼《は》り薬《ぐすり》・切手《きって》を貼《は》る

用例 履歴書に写真を**貼付**して提出する。
足に湿布を**貼用**する。

★嘲

口 くちへん 15画

音 チョウ

訓 あざけ(る)

意味 あざ笑う・からかう

語句 嘲笑《ちょうしょう》・嘲罵《ちょうば》・嘲弄《ちょうろう》・自嘲《じちょう》

用例 彼は**嘲笑**にもめげず演説を続けた。
自嘲するような笑みを浮かべる。

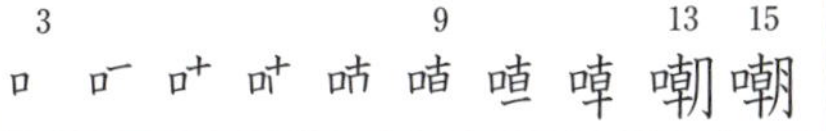

★捗

扌 てへん 10画

音 チョク

訓 ——

意味 はかどる・仕事が順調に進む

語句 進捗《しんちょく》

用例 改修工事の**進捗**状況を報告する。

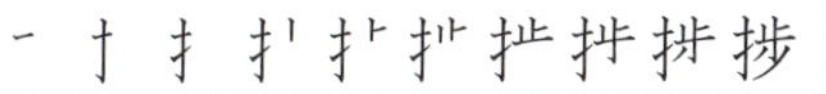

※「てんぷ」とも読む。

椎

木《きへん》 12画

音 ツイ

訓 ——

意味 ブナ科のシイ・物を打つ道具・背骨

語句 椎間板《ついかんばん》・胸椎《きょうつい》・脊椎《せきつい》・腰椎《ようつい》

用例 **椎間板**ヘルニアを患っている。**腰椎**の構造を図で説明する。

爪

爪《つめ》 4画

音 ——

訓 つめ つま

意味 手足のつめ・つめの形をしたもの

語句 爪痕《つめあと》・爪先《つまさき》・生爪《なまづめ》・深爪《ふかづめ》・爪《つま》弾《び》く

用例 戦争の**爪痕**が生々しく残る。**爪先**立ちをする。ギターを**爪弾く**。

鶴

鳥《とり》 21画

音 ——

訓 つる

意味 鳥類のツル

語句 折《お》り鶴《づる》・千羽鶴《せんばづる》・鶴《つる》の一声《ひとこえ》

用例 病気の回復を祈って**千羽鶴**を折る。社長の**鶴の一声**で企画が決まる。

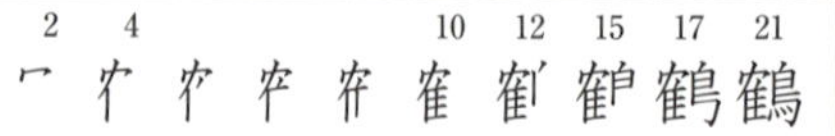

諦

言《ごんべん》 16画

音 テイ

訓 あきら(める)

意味 あきらめる・明らか・真理

語句 諦観《ていかん》・諦念《ていねん》・熱願冷諦《ねつがんれいてい》

用例 年老いて**諦観**の境地に至る。才能の違いに**諦念**を覚える。

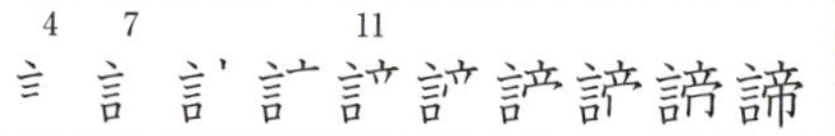

★溺

氵《さんずい》 13画

音 デキ

訓 おぼ(れる)

意味 水におぼれる・心を奪われる

語句 溺愛《できあい》・溺死《できし》・惑溺《わくでき》・策《さく》に溺《おぼ》れる

用例 初めてできた孫娘を**溺愛**する。洪水で多くの動物が**溺死**した。

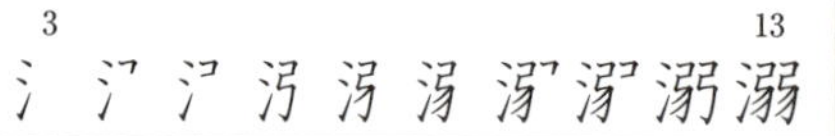

★**塡**　土　つちへん　13画

音 テン
訓 ──

意味 ふさぐ・うずめる・はめる・満たす
語句 塡塞《てんそく》・塡補《てんぽ》・充塡《じゅうてん》・装塡《そうてん》・補塡《ほてん》
用例 風船にガスを**充塡**する。銃に弾丸を**装塡**する。事故の損害を**補塡**する。

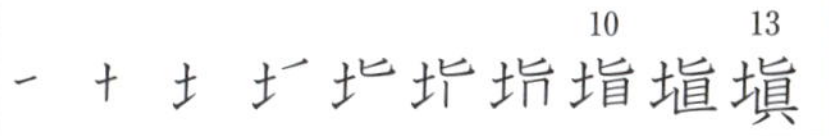

妬　女　おんなへん　8画

音 ト
訓 ねた(む)

意味 ねたむ・そねむ・やく
語句 妬心《としん》・嫉妬《しっと》
用例 人気者の友に**妬心**を抱く。恋敵への**嫉妬**に狂う。

★**賭**　貝　かいへん　16画

音 ト高
訓 か(ける)

意味 かける・かけをする・ばくち
語句 ※1賭《と》場《ば》・賭《と》博《ばく》・賭《か》け事《ごと》
用例 **賭場**を摘発する。違法な**賭博**を取り締まる。**賭け事**には手を出さない。

藤　艹　くさかんむり　18画

音 トウ
訓 ふじ

意味 マメ科のフジ・カズラ
語句 藤花《とうか》・葛藤《かっとう》・藤色《ふじいろ》・藤棚《ふじだな》
用例 親子の間に醜い**葛藤**が生じる。**藤色**の着物がよく似合う。

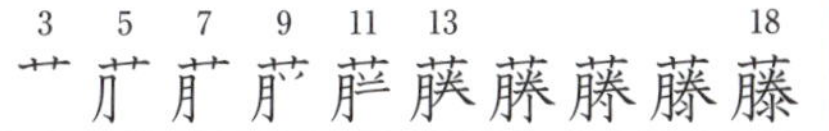

瞳　目　めへん　17画

音 ドウ
訓 ひとみ

意味 ひとみ
語句 瞳孔《どうこう》
用例 猫の**瞳孔**は縦長の形をしている。少年は**瞳**を輝かせながら夢を語った。

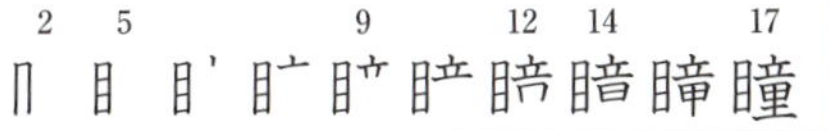

※1 「とじょう」とも読む。

栃	木《きへん》 9画	意味 トチノキ科のトチ 語句 栃《とち》の実《み》・栃木県《とちぎけん》 用例 **栃の実**を拾い集める。**栃木県**の日光東照宮に行く。
音 ―― 訓 とち		
頓	頁《おおがい》 13画	意味 ぬかずく・とどまる・急に・整える 語句 頓挫《とんざ》・※2頓着《とんちゃく》・頓服《とんぷく》・整頓《せいとん》・停頓《ていとん》 用例 服装に**頓着**しない人だ。熱冷ましの**頓服**薬を飲む。部屋の**整頓**をする。
音 トン 訓 ――		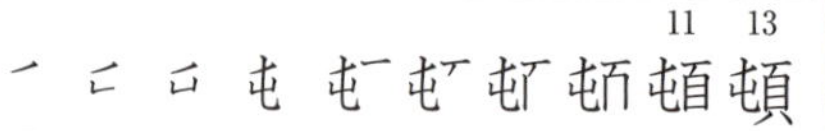
貪	貝《かい・こがい》 11画	意味 むさぼる・よくばる 語句 貪欲《どんよく》・貪《むさぼ》り食《く》う 用例 彼は知識を吸収することに**貪欲**だ。空腹のあまり飯を**貪り食う**。
音 ドン 訓 むさぼ(る)		
丼	丶《てん》 5画	意味 どんぶりばち 語句 丼勘定《どんぶりかんじょう》・丼鉢《どんぶりばち》・丼飯《どんぶりめし》・牛丼《ぎゅうどん》 用例 **丼勘定**では経営は成り立たない。店で**丼飯**を頼む。昼に**牛丼**を食べる。
音 ―― 訓 どんぶり どん		
那	阝《おおざと》 7画	意味 なんぞ・いかんぞ・どこ・どれ 語句 那覇市《なはし》・刹那《せつな》・旦那《だんな》・若旦那《わかだんな》 用例 **刹那**的な生き方を反省する。昔から続く呉服店の**若旦那**だ。
音 ナ 訓 ――		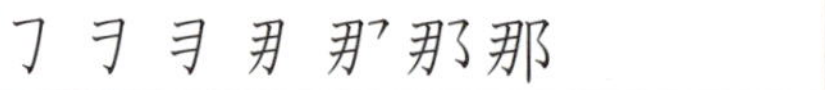

※2 「とんじゃく」とも読む。

奈

大《だい》 8画

音 ナ

訓 —

意味 いかん・いかんせん・なんぞ

語句 奈落《ならく》・金輪奈落《こんりんならく》・奈良県《ならけん》

用例 **奈落**の底からはい上がる。修学旅行で**奈良**の大仏を見た。

梨

木《き》 11画

音 —

訓 なし

意味 果物のナシ・ナシの木

語句 洋梨《ようなし》・梨《なし》のつぶて・山梨県《やまなしけん》

用例 新鮮な**洋梨**をいただいた。富士山は静岡県と**山梨県**にまたがっている。

★謎

言《ごんべん》 17画

音 —

訓 なぞ

意味 不思議なこと・なぞなぞ・隠語

語句 謎掛《なぞか》け・謎解《なぞと》き

用例 姉は**謎掛け**が得意だ。二人の探偵が**謎解き**勝負をする。

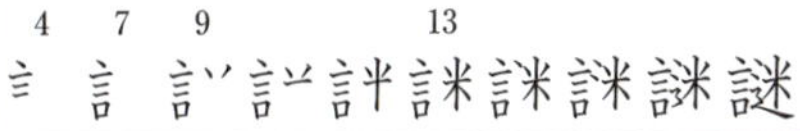

鍋

金《かねへん》 17画

音 —

訓 なべ

意味 なべ・炊事に用いる器

語句 鍋釜《なべかま》・鍋物《なべもの》・鍋料理《なべりょうり》・土鍋《どなべ》・夜鍋《よなべ》

用例 **鍋料理**がおいしい季節だ。**土鍋**でご飯を炊く。**夜鍋**して働く。

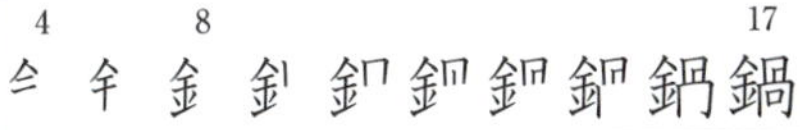

匂

勹《つつみがまえ》 4画

音 —

訓 にお(う)

意味 におう・よいかおりがする・におい

語句 匂《にお》い袋《ぶくろ》

用例 新しい畳はいい**匂い**がする。京都のお土産に**匂い袋**をもらった。

虹

虫《むしへん》 9画

音 ——

訓 にじ

意味 にじ

語句 虹色《にじいろ》

用例 雨上がりの空に**虹**が架かる。娘は**虹色**のハンカチがお気に入りだ。

捻

扌《てへん》 11画

音 ネン

訓 ——

意味 ねじる・ひねる・よじる

語句 捻挫《ねんざ》・捻出《ねんしゅつ》・捻転《ねんてん》・腸捻転《ちょうねんてん》

用例 階段を踏み外して**捻挫**した。予算の**捻出**に苦心する。**腸捻転**で入院した。

罵

罒《あみがしら・あみめ・よこめ》 15画

音 バ

訓 ののし(る)

意味 ののしる・口ぎたなくけなす

語句 罵言《ばげん》・罵声《ばせい》・罵倒《ばとう》・嘲罵《ちょうば》・冷嘲熱罵《れいちょうねつば》

用例 憎い相手に**罵声**を浴びせる。他人を**罵倒**してもむなしいだけだ。

★剝

刂《りっとう》 10画

音 ハク

訓 は(がす)
は(ぐ)
は(がれる)
は(げる)

意味 はぐ・はぎとる・むく・はがれる

語句 剝製《はくせい》・剝脱《はくだつ》・剝奪《はくだつ》・剝離《はくり》・皮《かわ》を剝《は》ぐ

用例 鳥の**剝製**を飾る。不正が発覚し、賞を**剝奪**する。薬剤で塗装を**剝離**する。

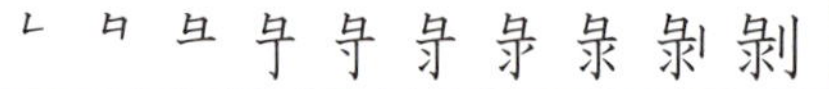

★箸

⺮《たけかんむり》 15画

音 ——

訓 はし

意味 食事用のはし

語句 箸《はし》置《お》き・箸休《はしやす》め・菜箸《さいばし》・火箸《ひばし》

用例 陶器の**箸置き**を使う。**菜箸**で卵をかき混ぜる。**火箸**で木炭を挟む。

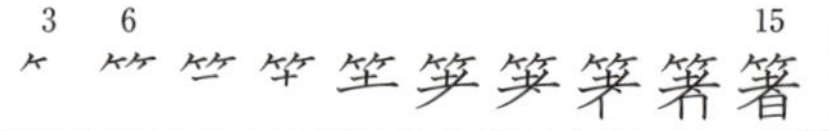

氾

部首：氵《さんずい》 5画

音 ハン
訓 ―

意味 ひろがる・あふれる・ただよう
語句 氾愛兼利《はんあいけんり》・氾濫《はんらん》
用例 集中豪雨により河川が**氾濫**した。情報が**氾濫**する現代社会を憂う。

汎

部首：氵《さんずい》 6画

音 ハン
訓 ―

意味 広く行き渡る・ただよう・あふれる
語句 汎愛《はんあい》・汎用《はんよう》・汎論《はんろん》・広汎《こうはん》
用例 **汎愛**の心で奉仕する。**汎用**性の高い商品だ。英文法の**汎論**を学ぶ。

阪

部首：阝《こざとへん》 7画

音 ハン
訓 ―

意味 さか・傾斜している道・大阪《おおさか》のこと
語句 阪神《はんしん》・京阪《けいはん》・大阪府《おおさかふ》
用例 **阪神**工業地帯で働く。**京阪**地区に住む。**大阪府**の知事選が行われる。

斑

部首：文《ぶん》 12画

音 ハン
訓 ―

意味 まだら・ぶち・色がまじるさま
語句 斑点《はんてん》・斑紋《はんもん》・紅斑《こうはん》・死斑《しはん》・紫斑《しはん》
用例 ヒョウの体には**斑点**がある。チョウの**斑紋**をスケッチする。

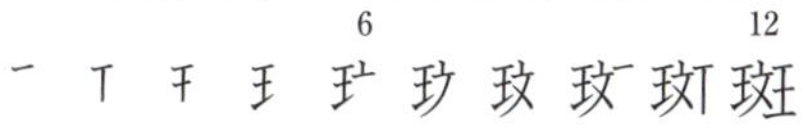

眉

部首：目《め》 9画

音 ビ 高 ミ
訓 まゆ

意味 まゆ・まゆげ・へり・ふち
語句 眉目《びもく》・※1 眉間《みけん》・焦眉《しょうび》・眉毛《まゆげ》・眉唾《まゆつば》
用例 **眉間**にしわを寄せる。**焦眉**の急に慌てる。太い**眉毛**が印象的だ。

※1 「びかん」とも読む。

膝

月 にくづき 15画

音—
訓ひざ

意味 ひざ・ひざがしら

語句 膝《ひざ》掛《か》け・膝頭《ひざがしら》・膝枕《ひざまくら》・膝元《ひざもと》

用例 羽毛の**膝掛け**を使う。机に**膝頭**をぶつける。幼子が母の**膝枕**で眠る。

4 8 15

肘

月 にくづき 7画

音—
訓ひじ

意味 ひじ

語句 肘《ひじ》掛《か》け・肘鉄砲《ひじてっぽう》・肩肘《かたひじ》を張《は》る

用例 **肘掛け**椅子に座る。**肘鉄砲**を食わせる。**肩肘張ら**ずに食事を楽しむ。

阜

阜 おか 8画

音フ
訓—

意味 おか・台地・大きい・ゆたか

語句 丘《きゅう》阜《ふ》・岐《ぎ》阜《ふ》県《けん》

用例 修学旅行で訪れた**岐阜県**の白川郷で記念写真を撮った。

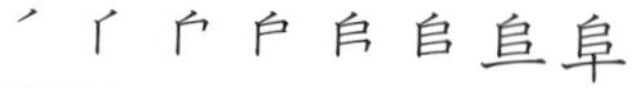

訃

言 ごんべん 9画

音フ
訓—

意味 死亡を知らせる・人の死の知らせ

語句 ※2訃音《ふいん》・訃告《ふこく》・訃報《ふほう》

用例 会報に**訃告**が掲載される。旧友の突然の**訃報**に言葉を失う。

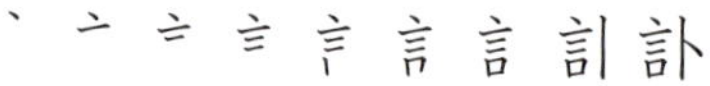

★蔽

艹 くさかんむり 15画

音ヘイ
訓—

意味 おおう・おおいかくす・おおい

語句 蔽遮《へいしゃ》・隠蔽《いんぺい》・遮蔽《しゃへい》

用例 不祥事の**隠蔽**が発覚し問題になる。カーテンで日光を**遮蔽**する。

3 6 8 13

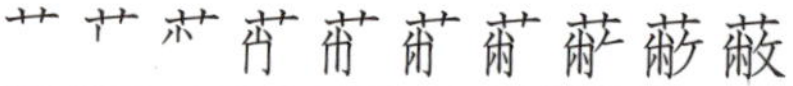

※2 「ふわん」とも読む。

★餅

飠 しょくへん

15画

音 ヘイ

訓 もち

意味 穀物の粉をこねて蒸した食品

語句 煎餅《せんべい》・餅《もち》つき・鏡餅《かがみもち》・桜餅《さくらもち》・尻餅《しりもち》

用例 お茶請けに**煎餅**を出す。正月に**鏡餅**を飾る。雪で滑って**尻餅**をつく。

璧

玉 たま

18画

音 ヘキ

訓 ——

意味 たま・輪の形の平たい玉器・立派なもの

語句 完璧《かんぺき》・双璧《そうへき》

用例 難しい役柄を**完璧**に演じる。彼らは文壇の**双璧**と称されている。

蔑

艹 くさかんむり

14画

音 ベツ

訓 さげす(む)

意味 さげすむ・ないがしろにする・侮る

語句 蔑視《べっし》・軽蔑《けいべつ》・侮蔑《ぶべつ》・相手《あいて》を蔑《さげす》む

用例 弱者**蔑視**の発言を取り消す。卑劣な行為を**軽蔑**する。**侮蔑**の視線を送る。

哺

口 くちへん

10画

音 ホ

訓 ——

意味 口に含む・食べる・はぐくむ・養う

語句 哺乳瓶《ほにゅうびん》・哺乳類《ほにゅうるい》・吐哺握髪《とほあくはつ》

用例 **哺乳瓶**を使って赤ん坊にミルクを飲ませる。鯨は**哺乳類**に属する。

蜂

虫 むしへん

13画

音 ホウ

訓 はち

意味 昆虫のハチ・むらがる・むれる

語句 蜂起《ほうき》・養蜂《ようほう》・蜂蜜《はちみつ》・女王蜂《じょおうばち》・蜜蜂《みつばち》

用例 民衆が**蜂起**した。伯父は**養蜂**業を営んでいる。紅茶に**蜂蜜**を入れる。

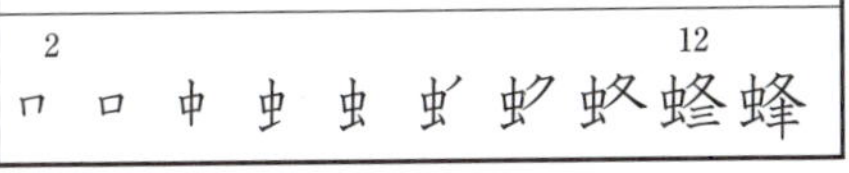

貌 豸《むじなへん》 14画	意味 かたち・すがた・ようす・ありさま 語句 全貌《ぜんぼう》・美貌《びぼう》・風貌《ふうぼう》・変貌《へんぼう》・容貌《ようぼう》 用例 事件の**全貌**が明らかになった。再開発で町は大きく**変貌**を遂げた。
音 ボウ 訓 ——	

★**頬** 頁《おおがい》 16画	意味 ほお・ほっぺた 語句 頬《ほお》づえ・頬紅《ほおべに》・頬骨《ほおぼね》・※頬《ほお》を赤《あか》らめる 用例 化粧ブラシで**頬紅**をつける。恥ずかしそうに**頬を赤らめる**。
音 —— 訓 ほお	

睦 目《めへん》 13画	意味 むつまじい・親しい・仲よくする 語句 親睦《しんぼく》・和睦《わぼく》 用例 食事会でメンバーの**親睦**を深める。敵国と一時的に**和睦**を結ぶ。
音 ボク 訓 ——	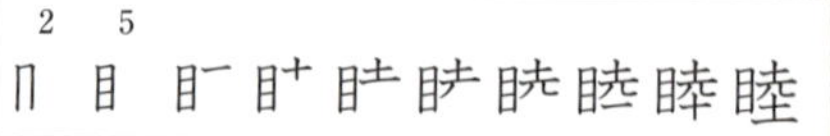

勃 力《ちから》 9画	意味 にわかに起こる・勢いが盛んなさま 語句 勃興《ぼっこう》・勃発《ぼっぱつ》・鬱勃《うつぼつ》・雄心勃勃《ゆうしんぼつぼつ》 用例 新しい国家が**勃興**する。党内で内部抗争が**勃発**した。**鬱勃**たる闘志。
音 ボツ 訓 ——	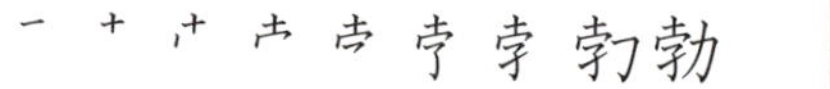

昧 日《ひへん》 9画	意味 暗い・夜明け・はっきりしない 語句 昧爽《まいそう》・曖昧《あいまい》・愚昧《ぐまい》・三昧《さんまい》 用例 **曖昧**な態度に業を煮やす。退職後は読書**三昧**の日々を過ごすつもりだ。
音 マイ 訓 ——	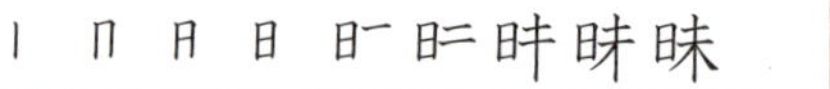

※「ほほ」とも読む。

枕

木《きへん》 8画

音 ──

訓 まくら

意味 まくら・まくらをして横になる

語句 枕木《まくらぎ》・枕元《まくらもと》・腕枕《うでまくら》・膝枕《ひざまくら》・夢枕《ゆめまくら》

用例 レールの下に**枕木**を敷く。**枕元**の電気を消す。亡き祖父が**夢枕**に立つ。

蜜

虫《むし》 14画

音 ミツ

訓 ──

意味 みつ・はちみつ・みつのように甘い

語句 蜜月《みつげつ》・蜜蜂《みつばち》・甘言蜜語《かんげんみつご》・糖蜜《とうみつ》・蜂蜜《はちみつ》

用例 **蜜月**旅行に出発する。**蜜蜂**の巣を見つけた。**糖蜜**はイーストの原料だ。

冥

冖《わかんむり》 10画

音 メイ
ミョウ㊫

訓 ──

意味 暗い・光がない・道理にくらい・あの世

語句 冥界《めいかい》・冥福《めいふく》・冥加《みょうが》・冥利《みょうり》・幽冥《ゆうめい》

用例 故人の**冥福**を祈る。**冥加**にあまるもてなしを受けた。役者**冥利**に尽きる。

麺

麦《ばくにょう》 16画

音 メン

訓 ──

意味 小麦粉・めん・うどん・そばの類

語句 麺棒《めんぼう》・麺類《めんるい》・乾麺《かんめん》・製麺《せいめん》

用例 そば生地を**麺棒**で伸ばす。**麺類**が好物だ。おいしい**乾麺**を取り寄せる。

冶

冫《にすい》 7画

音 ヤ

訓 ──

意味 とかす・金属を精錬する

語句 冶金《やきん》・冶金踊躍《やきんようやく》・陶冶《とうや》・※鍛冶《かじ》

用例 **冶金**技術の歴史は古い。人格を**陶冶**する。著名な**鍛冶**職人を紹介する。

※「たんや」とも読む。

弥

弓《ゆみへん》 8画

音 ——
訓 や

意味 広くゆきわたる・久しい・いよいよ
語句 弥次馬《やじうま》・弥次喜多《やじきた》・弥生《やよい》
用例 事件現場に**弥次馬**が集まってきた。**弥生**式土器を展示する。

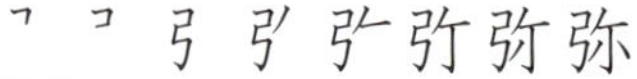

闇

門《もんがまえ》 17画

音 ——
訓 やみ

意味 暗い・ひそかに・分別がない
語句 闇雲《やみくも》・闇取引《やみとりひき》・闇夜《やみよ》・暗闇《くらやみ》・夕闇《ゆうやみ》
用例 **闇夜**に星が輝く。街が**暗闇**に包まれた。**夕闇**迫るなか家路を急ぐ。

★喩

口《くちへん》 12画

音 ユ
訓 ——

意味 たとえる・たとえ・教えさとす
語句 暗喩《あんゆ》・隠喩《いんゆ》・換喩《かんゆ》・直喩《ちょくゆ》・比喩《ひゆ》
用例 **暗喩**を用いた詩を作る。難解な**隠喩**を解釈する。彼の**比喩**表現は独特だ。

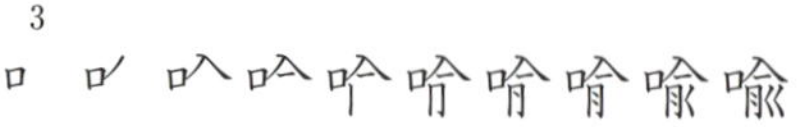

湧

氵《さんずい》 12画

音 ユウ
訓 わ(く)

意味 わく・水がわき出る・盛んにおこる
語句 湧出《ゆうしゅつ》・湧水《ゆうすい》・湧泉《ゆうせん》・湧《わ》き水《みず》
用例 地下から大量の石油が**湧出**した。真夏に冷たい**湧水**で喉を潤す。

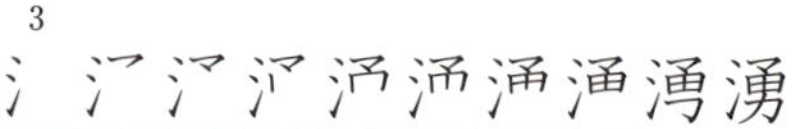

妖

女《おんなへん》 7画

音 ヨウ
訓 あや(しい)

意味 あやしい・もののけ・なまめかしい
語句 妖艶《ようえん》・妖怪《ようかい》・妖術《ようじゅつ》・妖精《ようせい》・面妖《めんよう》
用例 **妖艶**な美しさだ。**妖怪**の伝説を聞く。**妖精**が登場する物語だ。

瘍

疒《やまいだれ》 14画

音 ヨウ

訓 ——

意味 傷・できもの

語句 潰瘍《かいよう》・腫瘍《しゅよう》

用例 精密検査の結果、腸の潰瘍が発見された。腫瘍の摘出手術が終わる。

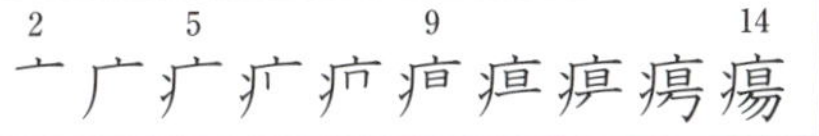

沃

氵《さんずい》 7画

音 ヨク

訓 ——

意味 そそぐ・水をかける・地味がこえている

語句 沃地《よくち》・沃土《よくど》・沃野《よくや》・肥沃《ひよく》・豊沃《ほうよく》

用例 沃土で野菜を育てる。広大な沃野。肥沃な土壌に恵まれる。

拉

扌《てへん》 8画

音 ラ

訓 ——

意味 破壊する・砕く・引いて連れていく

語句 拉致《らち》

用例 拉致された要人の救出に成功した。

辣

辛《からい》 14画

音 ラツ

訓 ——

意味 からい・きびしい・むごい

語句 辣腕《らつわん》・悪辣《あくらつ》・辛辣《しんらつ》

用例 政界で辣腕を振るう。悪辣な手段。辛辣な批評を真摯に受け止める。

藍

艹《くさかんむり》 18画

音 ラン 高

訓 あい

意味 植物のアイ・あいいろ

語句 藍本《らんぽん》・甘藍《かんらん》・出藍《しゅつらん》・※藍色《あいいろ》・藍染《あいぞ》め

用例 出藍の誉れ。藍色の浴衣を仕立てる。藍染めの手拭いを使う。

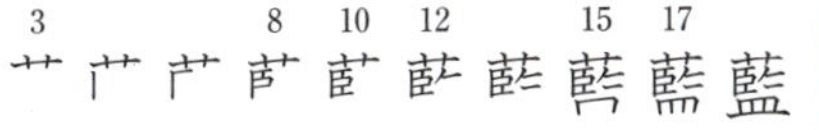

※「らんしょく」とも読む。

璃

王 おうへん・たまへん 14画

音 リ
訓 ―

意味 宝玉の「玻璃《はり》」「瑠璃」に用いられる字
語句 瑠璃《るり》・瑠璃色《るりいろ》・浄瑠璃《じょうるり》
用例 宝石店で**瑠璃色**の指輪を購入した。人形**浄瑠璃**を鑑賞する。

慄

忄 りっしんべん 13画

音 リツ
訓 ―

意味 おそれる・おののく
語句 慄然《りつぜん》・震慄《しんりつ》・戦慄《せんりつ》
用例 戦争の爪痕を見て**慄然**とする。恐ろしいニュースを聞いて**戦慄**が走る。

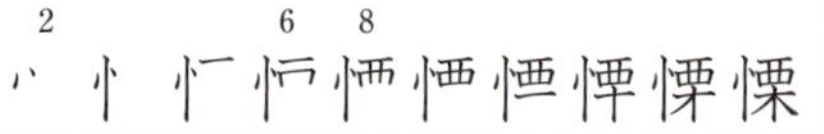

侶

亻 にんべん 9画

音 リョ
訓 ―

意味 連れの者・とも・仲間
語句 侶伴《りょはん》・禅侶《ぜんりょ》・僧侶《そうりょ》・伴侶《はんりょ》
用例 **僧侶**を自宅に招いて法事を営む。人生の良き**伴侶**と出会う。

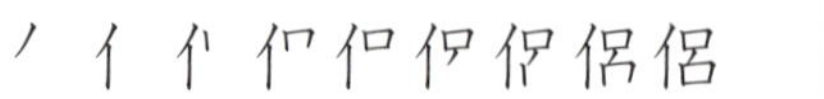

瞭

目 めへん 17画

音 リョウ
訓 ―

意味 明らか・はっきりしている
語句 瞭然《りょうぜん》・一目瞭然《いちもくりょうぜん》・明瞭《めいりょう》
用例 調査の結果は**一目瞭然**だった。企画の趣旨を**明瞭**にする。

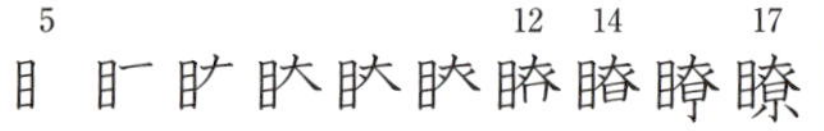

瑠

王 おうへん・たまへん 14画

音 ル
訓 ―

意味 七宝の一つ「瑠璃」のこと
語句 瑠璃《るり》・瑠璃色《るりいろ》・浄瑠璃《じょうるり》
用例 **瑠璃色**の羽を持つ鳥だ。**浄瑠璃**は近世に盛んになった伝統芸能だ。

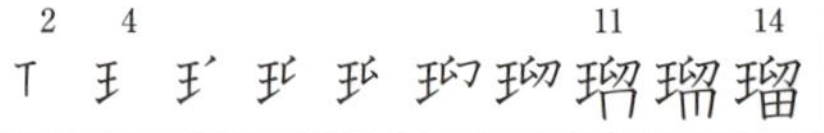

呂

口《くち》 7画

音 ロ

訓 ―

意味 日本や中国の音楽で陰の音階

語句 語呂《ごろ》・風呂《ふろ》・風呂敷《ふろしき》

用例 年号を**語呂**合わせで覚える。**風呂**に入る。荷物を**風呂敷**に包む。

賂

貝《かいへん》 13画

音 ロ

訓 ―

意味 金品を贈る・わいろ・まいなう

語句 賄賂《わいろ》

用例 企業から多額の**賄賂**を受け取った政治家が逮捕された。

弄

廾《こまぬき・にじゅうあし》 7画

音 ロウ

訓 もてあそ(ぶ)

意味 いじる・あなどる・好き勝手に扱う

語句 玩弄《がんろう》・吟風弄月《ぎんぷうろうげつ》・愚弄《ぐろう》・嘲弄《ちょうろう》・翻弄《ほんろう》

用例 他人を**玩弄**する。**愚弄**されて腹を立てる。時代の波に**翻弄**される。

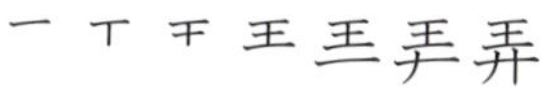

籠

⺮《たけかんむり》 22画

音 ロウ 高

訓 かご
こ(もる)

意味 かご・こめる・まるめこむ・こもる

語句 籠城《ろうじょう》・籠絡《ろうらく》・印籠《いんろう》・灯籠《とうろう》・鳥籠《とりかご》

用例 戦で**籠城**作戦をとる。**灯籠**の明かりがともる。**鳥籠**の中でインコを飼う。

麓

木《き》 19画

音 ロク

訓 ふもと

意味 ふもと・山のすそ

語句 岳麓《がくろく》・山麓《さんろく》

用例 **山麓**の四季の変化を楽しむ。山の**麓**に草原が広がっている。

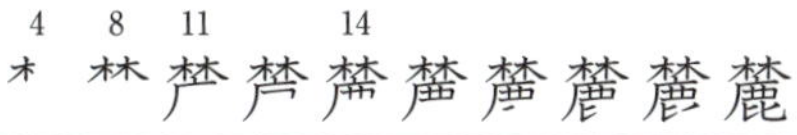

脇	月 にくづき 10画	**意味** わき・わきばら・かたわら・そば **語句** 脇机《わきづくえ》・脇腹《わきばら》・脇見《わきみ》・脇目《わきめ》・両脇《りょうわき》 **用例** 脇見運転は事故のもとだ。**脇目**もふらず勉強する。**両脇**に荷物を抱える。
音―― **訓**わき		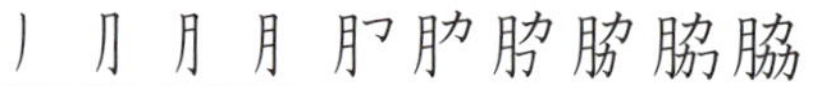

● 2級配当漢字の許容字体について

日本漢字能力検定2～10級においては、「常用漢字表」に示された字体（本書の漢字表に記載した字体）で書くこと。ただし、例外として以下の25字のみ、〔　〕内の字体も正答と認める。

漢字表掲載ページ	漢字
213(4)	淫〔淫〕
211(6)	牙〔牙〕
209(8)	葛〔葛〕
207(10)	嗅〔嗅〕
207(10)	僅〔僅〕
206(11)	惧〔惧〕
205(12)	稽〔稽〕
200(17)	餌〔餌〕
196(21)	煎〔煎〕
195(22)	詮〔詮〕
195(22)	箋〔箋〕
194(23)	遡〔遡〕
193(24)	遜〔遜〕

漢字表掲載ページ	漢字
191(26)	嘲〔嘲〕
191(26)	捗〔捗〕
190(27)	溺〔溺〕
189(28)	塡〔填〕
189(28)	賭〔賭〕
187(30)	謎〔謎〕
186(31)	剝〔剥〕
186(31)	箸〔箸〕
184(33)	蔽〔蔽〕
183(34)	餅〔餠〕
182(35)	頰〔頬〕
180(37)	喩〔喻〕

※その他「字の書き方」や「字種・字体」については、175ページの●「漢検」受検の際の注意点を確認してください。

■編集協力－株式会社 一校舎
■制作協力－株式会社 渋谷文泉閣
株式会社 イシワタグラフィックス
株式会社 アイデスク

漢検 2級
ハンディ漢字学習 改訂版

2015年3月25日 第1版第6刷 発行
編 者 公益財団法人 日本漢字能力検定協会
発行者 高坂 節三
印刷所 大日本印刷株式会社
製本所 株式会社 渋谷文泉閣

発行所 公益財団法人 日本漢字能力検定協会
〒600-8585 京都市下京区烏丸通松原下る五条烏丸町398
☎075(352)8300 FAX075(352)8310
ホームページhttp://www.kanken.or.jp/

Printed in Japan

ISBN978-4-89096-243-3 C0081